무한 투자의 법칙

소득을 무한대로 올리는 상위 1% 부자들의 투자 비법

INFINITY
무한 투자의 법칙
INVESTING

토비 마티스 지음 | **김정한** 옮김

이터

"당신은 부자가 될 수 없습니다."
누군가 이렇게 말했다면, 그것은 거짓말이다.
당신도 부자가 될 수 있다.

목차

당신은 이제 무언가를 시작하려고 한다. 많은 사람들에게 생소하고, 어쩌면 조금은 위험할 수도 있는 일이다. 당신은 투자에 관해 거짓말을 들어왔고, 소위 전문가라고 하는 많은 사람들의 말에 속아왔다는 점을 깨닫게 될 것이다.

이 책에서 배울 수 있는 지혜가 딱 하나뿐이라도 그것으로 당신은 가지고 있는 돈을 통제해 미래를 이끄는 능력을 얻을 수 있다. 이 책을 다 읽고 나면 이 말의 뜻을 더 정확하게 알게 될 것이다.

이 책은 무한한 소득을 창출하는 경지인 '인피니티infinity(무한대)'에
도달할 가능성을 높이기 위해 할 수 있는 모든 일을 담고 있다. 여기
서 말하는 인피니티란 일하지 않아도 충분한 소득이 지속적으로 확
보되는 미래의 경제적 지점이다. 이 책은 당신이 올바른 사고 체계를
확립하고 최상의 선택을 할 수 있도록 도울 것이다.

　때로는 금융 시장에 영향을 미치는 여러 사건이 우리의 통제에서
벗어나 있다. 국가 비상사태, 테러 공격, 전쟁 그리고 전염병 등이 이
에 포함된다. 이러한 위기 상황이 발생하면 개인의 안녕은 물론 경제
적인 모든 측면이 많은 영향을 받게 된다. 위험이 없는 세상은 존재하

지 않는다.

코로나바이러스감염증-19(코로나19)는 이러한 사실을 새삼 일깨워 준다. 코로나19는 시장에 막대한 손실을 입혔고, 석유 수요를 줄였으며, 전 세계 곳곳에서 경제활동이 봉쇄되는 결과를 낳았다. 또한 수백만 명이 직장을 잃었고 심각한 경제적 위기에 빠졌다. 어쩌면 당신도 그중 한 명일지 모른다.

이 바이러스가 우리 경제에 미치는 영향을 제대로 이해하려면 아마도 수년이 걸릴 것이다. 하지만 이를 통해 우리는 중요한 교훈을 배울 수 있다. 그것은 최상을 바라되, 최악의 경우에도 대비해야 한다는 것이다. 투자의 세계에서 이는 어떠한 상황에서든 자신을 관리할 줄 알아야 한다는 것을 의미한다. 어려울 때에는 물론 좋은 시기에도 자신을 잘 관리할 필요가 있다. 그 방법을 배우려면 유능한 교사, 열린 마음 그리고 역사학도가 되려는 의지만 있으면 된다.

우리는 역사를 통해 미국의 투자자들이 시장에서 일어나는 큰 사건들에 과민반응하는 일이 반복된다는 것을 알 수 있다. 에이즈, 메르스, 에볼라, 지카, 홍역 등을 시장은 비관적으로 바라본다. 하지만 장기적으로 보면 시장은 결국 회복된다. 소위 블랙 스완[도저히 일어날 것 같지 않은 일이 일어나는 것을 말하며, 월가의 투자전문가 나심 니콜라스 탈레브가 그의 저서 《검은 백조The black swan》를 통해 서브프라임 모기지(비우량 주택담보대출) 사태를 예언하면서 두루 쓰이게 됐다. – 옮긴이 주]에 해당하는 사건이 그런 경우다. 중동 전쟁과 석유 수출 금지, 이란 인질

극 위기, 제1차 걸프전, 9·11 테러 공격, 심지어 가장 최근의 불황 등이 그 예다. 다가오는 미래에는 언제나 회복이 존재한다. 그 속도가 느릴 때도 가끔 있기는 하지만 말이다.

역사적으로 볼 때 대유행이나 전염병에 대한 월가의 반응은 그리 오래가지 않았다. 부정적인 기억은 빨리 잊고 바로 새로운 투자에 들어갔다. 일반적으로 6개월 내에 상승세로 돌아섰다. 실제로 앞서 말한 전염병이 유행했던 6개월 동안을 살펴보면 한 번을 제외하고는 시장이 6개월 내에 다시 상승세를 나타냈다. 예외적인 한 번은 에이즈 창궐 때였다. 하지만 이 위기 때에도 시장은 6개월 동안 단 0.5% 미만의 낙폭을 보였다.

문제는 시장이 회복될 것인가가 아니라 회복이 얼마나 오래 걸리는가다. 또한 각종 뉴스매체가 낙관론보다 대중의 이목을 더 잘 끄는 비관적인 전망과 우울한 기사를 마구 쏟아내는 회복 기간에 어떻게 평정심을 유지할 수 있는가다.

'오마하의 현인'으로 불리는 투자의 황제 워런 버핏은 투자자들에게 "다른 사람들이 두려워할 때에는 욕심을 내야 하고, 다른 사람들이 욕심을 낼 때에는 두려워해야 한다."고 말했다. '모든 변동성을 믿지 마라. 모든 비관론자를 믿지 마라. 모든 낙관론자도 믿지 마라.' 이런 멋진 말도 있다. 진실은 대개 그 중간 어디쯤엔가에 있으며, 장기적인 승리는 결국 올바른 투자가 가져간다.

내가 투자에서 성공을 거둔 비결은 항상 긴 안목으로 바라본 결과였다. 그런데 우리가 취할 수 있는 안목이 얼마나 최대한으로 길어질 수 있을까? 그것은 '무한대'다! 그래서 내가 나의 투자 기법을 '무한 투자'라고 부르는 것이다. 나는 내 강의를 듣는 사람들에게 투자한 상품은 영원히 보유해야 한다고 말한다. 어떤 금융 상품을 구매할 때에는 이윤을 남기고 팔아야겠다는 생각을 가지면 안 된다.

자산을 절대로 팔지 말라는 말은 아니다. 다만 구매의 목적이 판매하기 위한 것이면 안 된다는 의미다. 자산은 지속적인 방식으로 돈을 벌기 위해 사용해야 한다. 그래야 사실에 근거하지 않은 무분별한 결정을 피할 수 있다. 더 중요한 사실은, 자산을 매각할 때에도 실제로는 파는 것이 아니라 더 좋은 기회가 보이는 다른 상품과 교환하는 것이라는 점이다.

완벽한 세상에서는 자산을 축적하고 그 자산에서 창출되는 수입으로 살아간다. 당신의 자손이나 당신이 경영하는 사업체에 자산을 물려주고, 지금까지와 동일한 수입의 흐름 속에서 혜택을 받게 되는 것이다. 하지만 완벽한 세상은 존재하지 않는다. 따라서 어떠한 계획이든 예기치 않은 사건을 수용할 수 있는 유연성을 갖춰야 한다. 이는 비행기 조종사가 시애틀발 뉴욕행 747기를 조종할 때 바람의 방향이 남쪽으로 바뀌면 항로를 변경해야 하는 것과 같다. 조종사는 여전히 뉴욕으로 가고 싶겠지만, 바람에 맞춰 항로를 약간 수정해야 한다. 조종사는 역풍이 어떤 방향으로 불지 결코 알지 못한다. 날씨가 어떻게 될지도 알 수 없고, 앞길에 돌풍이 불고 있는지도 결코 알 수 없다. 하지만 궁극적으로는 이러한 장애물을 극복하면서 목적지에 도달하게 된다.

투자도 이와 별반 다르지 않다. 먼저 어디로 가야 하는지 파악한 다음, 올바른 코스를 설정하고, 도중에 필요할 경우 코스를 다시 수정해야 한다. 신중한 투자자라면 위기가 닥치고 그로 인한 여파가 있더라도 그렇게 할 것이고, 시간이 지남에 따라 그에 대한 보상을 받을 것이다.

내가 처음 만난 (자수성가한) 어떤 백만장자는 이렇게 말했다. "예금 통장의 잔고가 얼마인지 보지 마라. 부동산 가격이 얼마인지 보지 마라. 그 자산이 창출하는 돈이 얼마인지를 보아야 한다."

자산이 부가적인 소득을 창출하고 있다면 크게 걱정할 필요가 없다. 걱정해야 할 사람은 돈을 벌려면 자산의 가치가 수시로 오르거나 내려야 하는 투기꾼들이나 도박꾼들이다. 시장이 어느 방향으로든 극적인 전환기를 맞을 때 이들은 밤잠을 이루지 못한다. 이는 무한 투자가 아니다.

오름과 내림이 있는 변동성을 즐기는 사람들도 있다. 이들은 자산이 증가하면 아드레날린이 솟구치고, 자산이 줄어들면 가슴에 구멍이 뚫리는 기분이라고 말한다. 이들은 투자자가 아니다. 시장의 단기적인 방향 변화를 이용하려는 전문 도박꾼이다. 나는 어떤 투자자에게도 전문 도박꾼들과는 정면 대결을 하지 말라고 말한다.

도박꾼들은 자기가 하고 싶어 하는 것을 하게 내버려두고, 우리는 우리가 하고 싶은 것을 하면 된다. 그리고 결국 큰 성공을 거두는 쪽은 우리가 될 것이다. 그들이 성공하지 못한다는 것은 아니다. 단지 우리는 시장의 단기적인 방향 변화에 목숨을 거는 사람들과는 정면 승부를 벌이면 안 된다는 뜻이다.

기본적인 농구 기술을 혼자 익혀서 집 마당에서 매일 슈팅 연습을 한다면 몇 가지 멋진 슈팅 기술을 터득하게 될 것이다. 당신은 마음속으로 농구선수가 되겠다는 자신감을 키우고 진짜 선수들과 겨룰 실력이 되었다고 생각한다. 그래서 체육관에 가서 농구 코트 안으로 성큼성큼 걸어 들어간다. 당신이 "난 시합을 할 준비가 되었어."라고 말하면 미국의 뛰어난 농구선수 르브론 제임스가 "나도 그래."라고 말하며 나선다.

당신이 그를 이길 가능성이 있을까? 그런데 이는 아마추어 트레이더들이 거의 매일 하는 짓이다. 그들은 몇 가지 '거래 기술'을 배운 후 마침내 세계 최고의 트레이더들과 정면 대결을 벌인다. 승자와 패자가 분명하게 갈리는 이 세계에서는 당신이 패자가 될 확률이 압도적으로 크다. 이런 무모한 게임은 벌이면 안 된다.

그 대신 우리는 시장에서 원원하는 시나리오에 집중해야 한다. 르브론 제임스는 그의 일을 하도록 내버려두고 그의 농구팀에 투자해야 한다. 그러면 둘 다 승자가 될 수 있다.

이 책은 시장이 어떤 상태이든 간에 무한정으로 돈을 버는 방법을 다루고 있다. 이 책을 보면 알게 되겠지만, 무한 투자의 법칙은 우리를 안내할 시장의 역사에 크게 의존한다. 우리는 위험을 최소화하고 매년, 수십 년, 그리고 별일이 없다면 수 세기가 지나도 수익을 가져다주는 무한 투자의 기술을 활용해야 한다.

나는 그동안 많은 멘토를 만났다. 감독님, 선생님, 친구, 아버지, 친구의 부모님 등에 이르기까지 다양한 사람들이었다. 나는 그중 몇몇 주요 멘토에게서 중요한 교훈을 얻었다. 그런데 그들은 모두 같은 교훈을 완전히 다른 방식으로 가르쳐주었다.

멘토 중 한 명은 바로 나의 아버지였다. 아버지는 대학 졸업 직후 경제전문지 〈포춘〉 선정 100대 회사 중 한 곳에 입사해 은퇴할 때까지 일하셨다. 아버지는 우리 가족 중 최초의 대학 졸업자라는 것을 늘 자랑스러워하셨다. 또한 자녀들이 대학을 졸업하고 좋은 직장을 얻는 일에 집중하셨다.

다른 멘토 중 한 명은 친한 친구의 아버지였다. 그분은 개인 사업가였다. 대학 졸업에 대한 이야기는 듣지 못했지만 경제적 성공을 거둔 후 MBA를 취득하고 로스쿨에도 잠시 다닌 점으로 미루어보아 대학을 졸업한 것은 분명하다. 또한 사람들에게 교수들은 모두 헛소리만 늘어놓는다고 말씀하시곤 했다.

그분은 몇 개의 점포를 거느린 경매·청산 대행사를 소유하고 있었으며, 거의 모든 종류의 사업을 꿰뚫고 있었다. 노드스트롬, 코스트코, 홈디포, 지역 경찰서, 심지어 국세청 등 다양한 직장에 다니는 사람들의 재고와 자산을 정리해 경매에 부치는 것이 그분의 일이었다. 이는 인터넷 시대에 이베이나 오버스톡닷컴 같은 기업이 생겨나기 전의 일이다. 그래서 전화와 팩스를 사용해 전 세계 수백만 달러어치의 제품을 이동시켰다.

그분은 여러모로 멋진 사람이었지만 가장 두드러진 점은 학교가 사업을 가르치는 방식 그리고 인간관계, 신뢰성, 창의적 사고의 역할을 등한시하는 방식을 경멸했다는 것이다. 그분은 죽을 때까지 정부가 비효율적이라고 생각했고 정치에도 관여했다. 하지만 오늘날 볼 수 있는 방식으로 분노를 드러내지는 않았다. 그보다는 자신의 개인 사업에서 발휘했던 것과 같은 창의력으로 효율성을 높이는 일에 더 큰 관심을 가졌다.

나의 아버지와 친구의 아버지는 대조적이었다. 나의 아버지는 종종 일과 경제적 문제에 대해 좌절하고 화를 냈다. 자라면서 그 사실을 알았지만, 그 이유까지 깨달은 것은 더 나이가 들어서였다. 아버지는 구겨진 인상으로 귀가하는 일이 잦았고, 회사 일은 한마디도 이야기하지 않으셨다. 반면 친구의 아버지는 항상 긍정적이고, 활기찼으며, 자신이 하는 일을 끊임없이 말씀해주시곤 했다. 자신의 이야기를 경청하는 사람에게는 조언을 구하기도 했다. 내 친구는 자기 아버지가 '업무상 친구들'을 만나는 데 일생을 보냈다고 농담을 하곤 했다.

실제로 기업가이거나 투자자였던 그분의 '업무상 친구들' 중 몇 명은 나에게 '나만의 길'을 찾으라고 격려해주기도 했다. 이들은 엔지니어, 부동산 중개업자 그리고 기업가들이었다. 이들은 자신의 경제적 독립 과정에 대해 들려주기를 좋아했고, 심지어 전율을 느끼는 것처럼 보이기도 했다.

반면 나의 아버지는 진정한 '업무상 친구'가 없었다. 내가 만난 아버지의 직장 동료들은 나에게 매우 친절하게 대해주었지만, 정신은 다른 데 가 있는 것처럼 보였다. 마치 회사 업무에만 온통 정신이 팔려 있으며, 인간관계도 목적을 위한 수단으로 생각하는 듯했다.

내 아버지의 직장 동료들이 나쁘다고 말할 수는 없다. 그들은 모두 친절하고, 성공했으며, 정말 선량해 보이는 사람들이었다. 하지만 내 멘토인 친구 아버지의 부자 친구들은 예외 없이 돈에 대해 지나치게 걱정하는 것 같지 않았다. 그들은 모두 다음번의 모험, 신제품 출시 또는 최대 관심사를 이야기하느라 바빴다. 반대로 내 아버지의 부자 친구들은 모두 자신이 맡은 모든 일을 완성하는 데 집중하는 것 같았다.

미묘한 차이였지만, 이제 나는 이들 두 집단 간의 차이가 무엇인지 안다. 또한 그들에게 작용한 동기부여가 무엇인지도 더 잘 이해한다. 나의 아버지는 성공한 사업가들로 구성된 소규모 저녁 모임에 가입하고 나서야 그 차이를 알아차렸다. 그 즉시 아버지는 나에게 그 모임의 개인 사업가들을 잘 알아두라고 부추겼다.

아버지가 나에게 '하지 말아야 할 것'을 알고, '해야 할 것'을 아는 사람들과 어울리면 좋겠다고 말한 것은 그때가 처음이었다. 아버지는 나에게 자기가 했던 것처럼 하지 말고 회사를 위해 목숨 바쳐 일하지도 말라고 말씀하셨다. 심지어 이렇게 이야기하셨다. "토비, 모든 사람이 반드시 대학을 나와야 하는 건 아니란다. 자기 사업을 해야 해." 아버지는 이것을 나에게 납득시키려는 듯이 자기 사업을 하는 친구들에게 나를 소개해주었다. 그 가운데 한 명은 여러 개의 프랜차이즈를 거느린 사람이었다. 그중 하나는 샌드위치 전문점 '서브웨이'였고, 다른 하나는 주유소 '미닛 루브'였다. 그는 계속해서 프랜차이즈 브랜드를 늘리고 있었다. 그는 가끔 나와 만나 점심을 먹으며 조언을 들려주곤 했다. 그가 나에게 말해준 것 중 하나는 다른 무엇보다 나에게 깊이 각인되어 있다.

그에게 지금까지 한 일 중 가장 좋았던 일이 무엇인지 물었을 때 그는 당시에는 이해하기 힘든 대답을 했다. 30년이 지난 지금은 그 말이 무슨 의미인지 완벽하게 이해한다. 그는 만약 자신의 직원 중 일을 잘하는 사람이 있다면 그에게 "당신 부부를 멋진 만찬에 초대하고 싶습니다."라고 말할 수 있게 되는 것이 가장 좋다고 대답했다. 이는 당시에는 내가 기대했던 대답이 아니었다. 하지만 이제는 그 의미를 안다.

내가 그동안 배운 모든 것을 돌이켜보면, 아버지는 자신에 대한 통제력을 잃었다는 느낌이 들었을 때 좌절감을 느낀 것 같다. 마음속에 자신이 다른 누군가에게 조종당하고 있다는 생각이 있었기 때문에 자기 업무에도 부정적인 생각이 들었을 것이다. 게다가 아버지에게는 갚아야 할 담보대출과 부양해야 할 가족도 있었다.

아마도 아버지는 이 같은 경제적 부담으로 인해 감옥에 갇혀 있다고 느꼈을 것이다. 마치 항상 남을 위해서나 빚을 갚기 위해서 일한다는 느낌을 받았을 것이다. 그런데 주위에 자신과 같은 경제적 부담을 짊어지고 있는 사람은 보이지 않았던 것이다. 그래서 아버지는 아버지로서 할 수 있는 일을 했다. 자녀에게 감옥에서 벗어나라고 말한 것이다. 그 외에는 달리 도와줄 구체적인 방법을 알지 못했다.

친구의 아버지는 정반대였다. 그분에게는 자유가 있었다. 바쁜 일정이나 부담스러운 의무도 없어 보였다. 그분은 경제적으로 독립했고, 일을 하든 하지 않든 늘 돈이 들어왔다. 그래서 남는 시간을 이용해 다른 일들을 했다. 정계로 진출했고, 전국을 돌며 자신이 투자한 내역을 확인했으며, 다른 사람들이 자기 사업을 시작하도록 도왔다. 그는 다른 사람들이 경제적 독립을 달성할 수 있도록 격려했다. 매우 흥미로웠던 점은 그들이 〈포춘〉이 선정한 500대 기업에 다니는 사람이건, 아니면 자영업자이건 상관하지 않았다는 것이다.

친구의 아버지는 그들에게 오늘날 우리가 흔히 말하는 소극적 소득 (지속적 소득, passive income)을 만드는 방법을 보여줬다. 이는 자고 있을 때든, 깨어 있을 때든 언제나 들어오는 수입이다. 일할 때에도, 휴가 중일 때에도 돈을 번다. 이러한 종류의 소극적 수입은 당신의 생존과, 당신 가족들과 당신이 경영하는 사업체의 생존도 보장해준다.

사실 나의 모든 멘토들에게는 한 가지 공통점이 있었다. 그들이 자유를 원했다는 것이다. 많은 사람들이 그것을 달성했고, 부를 축적하는 방법에 대한 간단한 철학을 가지고 원하는 대로 자유를 손에 넣었다. 만약 아버지가 살아 계시다면, 아버지의 본능이 옳았고 아버지의 조언 덕분에 내가 현재 엄청난 자유를 누리며 살고 있다고 말씀드릴 수 있을 것이다.

―――――――

나의 멘토들에게는 한 가지 공통점이 있었다.

모두 자유를 원했다는 것이다.

많은 사람들이 그것을 달성했고,

부를 축적하는 방법에 대한 간단한 철학을 가지고

원하는 대로 자유를 손에 넣었다.

―――――――

친구의 아버지와는 돌아가시기 전에 만나서 대화를 하고 감사 인사도 드릴 수 있었다. 둘 사이의 대화 내용은 나 혼자만 간직할 것이지만, 그가 마지막 순간 사람들을 만났고 삶을 조금도 후회하지 않았다는 것만은 밝혀두고 싶다. 그는 자신이 무엇을 구축했는지 정확히 알고 있었고, 그것이 계속될 것이라는 사실에 안도했다.

잠시 당신이 아무리 뼈 빠지게 일해도 자신을 통제하지 못하는 상태에 갇혀 있다고 느껴지는 좌절감을 상상해보자. 아무리 열심히 일해도 무력감이 느껴지는 시나리오를 상상해보자. 그러면 좌절감이 들고, 심지어 화도 날 것이다. 다른 대안을 알아도 그것을 선택할 수 있는 것은 아니다. 하지만 적극적으로 계획을 세우지 않으면 경제적 부담이 우리에게 슬그머니 다가오는 일이 비일비재하다. 우리는 감당하지 못할 생활방식과 부를 잠식하도록 설계된 투자에 속아서 황금의 철창 안에 갇히고 만다. 그 대가로 지불해야 하는 것이 바로 우리의 자유다.

철창에서 빠져나오거나 철창에 갇히는 일을 처음부터 방지하기 위한 방법은 '경제적 구속'을 초래하는 일을 속아서 하지 않는 것뿐이다. 이는 어렵지 않다. 사실은 어이없을 정도로 간단하다. 하지만 단순하다고 해서 쉽다는 말은 결코 아니다.

예를 들어 살을 빼는 일은 꽤 간단해 보인다. 먹는 것보다 더 많은 열량(칼로리)을 소모하면 된다. 하지만 대부분의 사람들에게 다이어트는 쉽지 않다. 자기 수양과 의식적인 노력이 필요하기 때문이다. 돈도 이와 다르지 않다. 경제적 구속을 피하기 위한 해결책은 간단하다.

이 책에서는 다른 사람에게 갚아야 할 금전적 부채를 안고 살아가는 삶을 피하는 방법을 단계적으로 알려준다. 하지만 각자의 노력이 필요하다.

당신이 부유하든 가난하든, 직장인이든 자영업자이든, 대학 졸업자이든 아니든 상관없다. 당신은 부자들이 그들 자신과 가족들의 무한한 부를 만들어내기 위해 지난 수 세대에 걸쳐 사용해온 방법들을 만나볼 수 있다.

내가 어떻게 그 방법을 아는지 궁금할 것이다. 나는 세무 전문 변호사로서 수많은 투자자들과 함께 일했다. 그러면서 어떤 사람들이 돈을 벌고, 어떻게 그 돈을 버는지 직접 보았다. 한때 돈을 위해 일해야 했지만 이제 일하지 않고도 돈이 흘러들어오는 그들의 회계장부를 살펴보는 일을 하며 나의 생각은 분명해졌다. 게다가 그들이 어떻게 세금을 환급받고, 누가 실질적인 부를 창조했으며, 누가 실제의 부와 혼동되는 사치스러운 삶을 살고 있는지 알게 되었다.

이러한 경험을 바탕으로 매년 발표되는 미국 국세청IRS의 데이터를 분석해 최고의 부자들에게 부합하는 경제적 행동과 패턴을 발견할 수 있었다. 여기서 가장 좋은 점은 누구나 무한한 부를 쌓을 수 있다는 것이다. 당신도 그럴 수 있다. 사실 이는 초등학교 4학년 이상이면 누구나 이해할 수 있는 간단한 산수 계산이다. 나머지는 단지 이 공식을 따르고 그 결과를 즐기면 되는 것이다. 무한 투자의 세계에 온 것을 환영한다.

이 책은 무한 투자로 가는 과정을 안내하는 내용으로 구성되어 있다. 1장에서는 먼저 경제적 자유의 의미와 개념에 대한 이해를 돕는다. 그런 다음 당신이 부자이건 가난하건, 직장인이건 자영업자이건, 대학 졸업자이건 아니건 부자들이 자신과 자기 가족들을 위한 무한한 부를 창조하기 위해 수 세대에 걸쳐 사용해온 방법들에 접근할 수 있는 놀라운 개념을 소개한다.

2장에서는 경제적 구속에 대해 다룬다. 사실 대부분의 금융기관은 자기네 이익을 위해 당신이 당신의 돈을 레버리징leveraging(부채를 통한 자금 조달)할 자유를 제한하고 있다. 직설적으로 말하자면, 많은 금융기관이 우리에게 바가지를 씌운다. 법이 이를 허용하기 때문이다. 솔직히 말해 우리도 이미 이를 잘 알고 있다. 그러면서도 반복적으로 금융기관들에 희생되고 있다. 그러는 동안 우리가 가진 돈이 어디로 사라졌는지 궁금해지고, 우리의 퇴직연금에 무슨 일이 일어났는지 알아내려고 애쓰게 된다. 실제로 조사해보면 금융기관들이 우리에게 희망이 결여된 빚의 멍에를 씌우기 위해 얼마나 체계적으로 행동하는지 깨닫게 될 것이다. 특히 젊은이들이 그들의 목표물이다.

3장에서는 부유한 자와 가난한 자 사이의 가장 큰 차이점을 알아본다. 이는 어쩌면 당신이 전에 배운 것과 다를 수도 있다.

4, 5, 6장에서는 소위 순수입income spread이라고 하는 것을 계산하는 방법을 배우고, 그것이 왜 중요한지도 발견하게 될 것이다. 여기서는 내가 제시하는 무한 수입 접근법이 기존의 접근법과 어떻게 다른지,

그리고 왜 예전의 계산 방식이 단순히 제도적인 속임수에 불과한지 설명할 것이다. 이 접근법을 이해하게 되면 예전의 숫자가 어떻게 무한 투자 계획을 계산하기 위한 새로운 숫자로 변환되는지 알 수 있다.

부를 쌓아올린 사람들을 연구하는 동시에 나는 그렇지 못한 사람들이 성공하지 못한 이유도 조사했다. 미국의 철학자이자 교육가 존 듀이가 말했듯이 실패에서 교훈을 얻을 수 있기 때문이다. 우리는 다른 사람들이 저지르는 경제적 실수를 보며 많은 것을 배울 수 있다. 이러한 실패는 세 가지 범주로 분류되는 경향이 있고, 예측할 수 있기 때문에 피할 수도 있다.

7장과 8장에서는 당신을 계속 가둬두는 세 가지의 손해 보는 투자 방식을 알아보고, 사람들이 경제적 구속에서 탈출하기 위해 어떤 시도를 하는지 살펴본다. 또한 그들이 성공하기 위해 하는 세 가지 일을 논의한다. 이는 보편적인 사실이다. 손해 보는 투자를 하는 사람들과 똑같이 한다면 당신도 그들과 같은 사람이 되고 만다. 하지만 당신은 최소한 상위 20% 안에 드는 자산가가 되어야 하고, 우리 사회에서 백만장자로 통하는 상위 2%에 진입할 수 있는 승산도 가져야 한다.

경제적 관점에서 볼 때 우리는 각자 농노, 도제, 기사 또는 집사(관리인) 중 하나라는 사실을 알고 있는가? 9장에서는 이러한 용어들의 의미와 당신이 어느 신분에 속하는지를 배우게 될 것이다. 듣기에는 달갑지 않을 수 있지만, 이는 당신의 경제적 사각지대를 파악하고 경제적 신분의 지위를 높이는 데 도움이 될 수 있다.

10장에서는 부자들이 어디에 투자하는지 설명한다. 부자들의 투자 패턴을 따르면 당신도 부자가 될 가능성이 있다. 11장에서는 내가 '주식 시장의 지주Stock Market Landlord'라고 부르는 존재가 되기 위한 독특한 투자 전략을 소개한다. 그리고 12장에서는 경제적 등급을 높이는 방법을 배우게 될 것이다.

다시 말하지만 이는 벼락부자를 만들어내기 위한 계획이 아니다. 이는 장기적인 계획이고, 만약 이를 지킨다면 당신과 미래 세대를 위한 자산을 만들어낼 수 있을 것이다. 다른 모든 장기 계획과 마찬가지로 이 계획은 시작을 위한 구체적이고 즉각적인 전략에서 출발한다.

13장에서는 당신의 경제적 신분의 나침반을 즉시 옮겨주는 90일간의 계획을 설명한다. 이 모든 것은 중요한 첫 단계를 밟는 것에서부터 시작된다.

마지막으로 나는 책임의 중요성을 보여주고자 한다. 성공의 가장 큰 걸림돌 중 하나는 혼자서 이 모든 것을 하려는 것이다. 책임감을 지닌 사람이야말로 목표에 도달할 확률이 높다. 그 목표가 건강이든, 다이어트든, 또는 경제적인 것이든 상관없다.

당신만의 무한 투자 계획을 향한 첫발을 내디딜 준비가 되었는가? 그럼 이제 출발!

Chapter 01

경제적 자유란
무엇인가?

나에게는 데이비드라는 친구가 있다. 시애틀에서 고풍스러운 레스토랑을 운영하며 엄청난 성공을 거둔 친구다. 처음 만났을 때 그는 인생의 목표를 부자가 되는 것에서 다른 사람들의 삶에 변화를 주는 사람이 되는 것으로 바꾸는 과정에 있었다. 이를 위해 그는 자신의 업종을 외식사업에서 부동산업으로 바꿨다. 그를 알게 되었을 때 나는 법정 보호자 자격으로 한 여성 노인을 돕는 중이었다. 그녀의 이름은 '수(가명)'라고 부르겠다.

수는 고가의 부동산을 소유하고 있었는데, 한 이웃이 그것을 호시탐탐 노리고 있었다. 그는 부동산 관리 능력이 부족해진 수가 부동산

세를 체납하고 있다는 사실을 알아채고 그녀의 밀린 채무에 대해 카운티가 부동산 압류를 행사할 수 있는지 알아보고 있었다. 내가 개입하게 된 이유는 수가 자신의 재산을 관리하는 일에 어려움을 겪고 있었기 때문이다.

수의 집은 전기가 끊겨 지내기 힘들 정도로 열악한 상태였다. 그런데 그녀의 이웃은 도와주기는커녕 시애틀에서 가장 값비싼 부동산을 압류해 경매 가격으로 싸게 사들일 좋은 기회라고 생각했다. 그때 어떤 사람이 아주 저렴한 중개 수수료로 사람들을 도와주는 한 부동산 중개인이 있다며 데이비드를 소개해주었다. 알고 보니 그는 참 흥미로운 사람이었다. 또한 그가 시애틀에서 레스토랑을 운영하며 많은 돈을 벌었다는 것도 알게 되었다.

나는 데이비드에게 몇 가지 중요한 교훈을 배웠다. 첫째, 그는 레스토랑 사업을 성공시키는 것 외에 다른 계획은 없다고 말했다. 다시 말해 그의 목표는 레스토랑 사업으로 연간 100만 달러를 버는 것이었다. 그는 그 이상은 생각하지도 않았다. 그런데 그는 처음으로 100만 달러를 벌었던 해가 자기 인생에서 최악의 해였다고 말했다. 그 돈을 가지고 무엇을 어떻게 해야 할지 몰랐던 데이비드는 벼락부자가 된 많은 사람들이 그랬듯이 돈을 흥청망청 쓰기 시작했다. 약물, 술, 바람피우기 등 온갖 나쁜 짓을 일삼았다. 그의 삶은 곧 엉망진창이 되었다.

여기서 우리는 두 번째 교훈을 얻을 수 있다. 그는 그 기간 중 그나마 잘한 일이 한 가지 있는데, 그것은 시애틀 전역에서 부동산에 투자한 것이라고 말했다. 심지어 레스토랑 사업이 망해가고 망가진 삶 속에서 허우적대고 있을 때에도 부동산이 자신을 계속 지탱해줬다고 했다. 그는 말했다. "부동산이 나를 구제하고 살려준 거예요."

데이비드는 잠시 방향을 잃었지만 결국 다시 삶을 바로잡을 수 있었다. 그의 새로운 인생 궤적이 레스토랑과는 전혀 무관했다는 사실이 무척 흥미로웠다. 오히려 그는 다른 사람들에게 봉사하는 일을 하고 있었다. 그가 부동산에 투자한 덕분에 그러한 변화가 가능했다. 내가 만난 그는 연륜이 있었고, 현명했으며, 레스토랑 사업에는 미련을 두지 않았다. 그는 부동산 사업을 좋아했고, 의지할 사람이 아무도 없는 사람들을 돕기 좋아했다.

데이비드는 수와 함께하는 나를 도와주었고, 수에게도 물심양면으로 헌신했다. 나는 그 이후 수년 동안 그와 계속 연락을 유지하며 지냈다. 그는 항상 누군가를 도와주고 싶어 했고, 나는 그런 그에게 살짝 질투심이 났다. 전문가인 나는 경제적 자립을 위해 열심히 일하고 있었다. 많은 시간을 일했고 부단한 노력을 통해 기량을 쌓았다. 그러한 내 눈에 데이비드의 너무나도 여유롭고 매일, 매 순간을 즐기는 모습이 그렇게 부러워 보일 수가 없었다. 그는 또 누구를 어떻게 도울까에 대한 생각 외에는 달리 관심이 없는 사람 같았다.

가장 인상 깊었던 것은 데이비드가 마침내 레스토랑 사업에서 자신의 매출 목표를 달성했고, 그 이후부터 그의 삶이 어떻게 술술 풀렸는지를 설명한 부분이었다. 아무 목적도 없이 경제적 목표로 1달러를 선택하면 엄청난 낭패를 초래할 수 있다. 마치 다시 내려올 계획도 없이 무작정 산꼭대기에 오르는 것과 같다. 베테랑 산악인의 말처럼 산정상에 오른 것은 절반에 도달한 것뿐이다. 하산해야 하는 나머지 절반의 여정이 남아 있기 때문이다. 계획에는 부의 축적과 유지가 모두 포함되어야 한다. 이를 위해서는 부를 쌓기 위한 목적을 탐구할 필요가 있다.

아무 목적도 없이 경제적 목표로

1달러를 선택한다면 엄청난 낭패를 초래할 수 있다.

마치 다시 내려올 계획도 없이

무작정 산꼭대기에 오르는 것과 같다.

경제적 자유란 무엇을 뜻하는가?

이 책을 읽는 사람은 분명 자신의 경제적 미래를 관리하는 일에 관심이 아주 많을 것이다. 다른 사람들과 다른 길을 선택한 것을 축하한다. 자신이 다양한 금융기관에 구속되어 있다는 사실을 전혀 깨닫지 못한 채 무조건 전진하는 일상을 보내는 사람이 너무나도 많다. 하지만 무한 투자의 법칙을 배우는 일에 시간을 할애함으로써 삶을 바꾸기로 한 당신은 이제 결코 돈을 예전과 같은 방식으로 바라보지 않게 될 것이다.

이 책은 명확하고 구체적인 단계들에 대한 로드맵을 제시함으로써 당신이 경제적 자유를 수립하는 데 도움을 줄 것이다. 당신의 나이는 중요하지 않다. 자기 돈을 잘 관리하려는 스무 살 청년일 수도 있고, 닥쳐올 노년을 위해 경제적 변화가 필요하다는 사실을 문득 깨달은 쉰 살의 중년일 수도 있다. 이 책의 목적은 젊은 독자들에게 비현실적인 목표를 세우게 하거나, 나이 든 독자들에게 하지 못한 일에 대해 죄책감을 느끼게 하려는 것이 아니다. 이 책을 쓴 이유는 당신을 돕기 위해서다.

이 책에서는 성공 비결을 다루고 있다. 이는 부자들에게 20년 넘게 조언을 해온 나의 경험에 바탕을 두고 있다. 부자가 되는 지름길을 알려주려는 것이 아니다. 변호사, 기업가, 투자자로서의 경력을 쌓는 동안 수많은 부자들과 함께 일하면서 수집한 풍부한 정보를 기반으로 점진적 접근 방식을 제공하려는 것이다.

이 책을 읽다 보면 부자와 부자가 아닌 자를 구분하는 구체적인 패턴을 발견할 수 있을 것이다. 그 방식은 당신이 생각하는 것과 대부분 다를 것이다. 당신이 대학에서 얼마나 좋은 성적을 받았는지, 당신이 어떤 환경에서 성장했는지와는 아무런 상관이 없다. 모든 것은 사고 방식에 달려 있다. 특히 당신의 신념 체계와 성과를 관리할 수 있다는 믿음이 어느 정도 수준인가에 달려 있다.

경제적 자유 연습하기

경제적 자유의 의미를 명확하게 이해하기 위해 간단한 연습을 해보자. 이 연습을 실행하려면 다음 질문에 답해야 한다.

'당신에게 경제적 자유는 무엇을 의미하는가?'

이런 질문을 받으면 어떤 생각이 떠오르는가? 이 질문에 대답하려면 가만히 앉아 눈을 감고 질문 내용을 생각한 다음 답을 적어야 한다.

먼저 내가 같은 질문에 어떻게 반응하는지 보여주겠다. 나에게 경제적 자유란 마음대로 여행을 할 수 있다는 것이다. 그래서 이를 대답으로 적는다.

다음 단계는 다음의 질문에 답을 하는 것이다.

'경제적 자유가 나에게 왜 중요한가?'

이 질문을 받고 나는 자신에게 '나에게 여행이 중요한 이유는 무엇인가?'라고 묻는다. 이에 대해 나는 '선조들의 문화를 체험하고 싶어서'라고 적을 것이다. 동기부여의 핵심, 즉 경제적 자유가 당신에게 진정으로 의미하는 것에 대한 핵심에 도달할 때까지 이 단계를 계속 반복해야 한다.

내 경우 자신에게 '여행하고 선조들의 문화를 경험하고 싶어 하는 이유가 무엇인가?'라고 묻는다. 그런 다음 나는 '그것이 나의 가치와 가족의 내력을 더 잘 이해하는 데 도움이 될 것 같아서'라고 적는다. 이어서 자신에게 '그것이 나에게 왜 중요한 것인가?'라고 물으며 더 깊은 질문을 이어간다.

여기서 핵심은 명확성을 높이기 위해 이 과정을 심층적으로 계속 실행해야 한다는 것이다. 자신에게 이 질문을 할 때마다 당신이 계획을 지속하는 데 도움이 될 핵심 가치에 더 가까워질 것이다.

어떤 사람들은 이 과정을 거치면 '가장 중요한 이유'가 명확해진다고 말한다. 만약 당신이 무언가를 하는 이유를 알게 된다면 전투의 절반은 치른 것이나 다름없다. 오로지 집중하기만 하면 된다. 답을 적어서 "이것이 나에게 중요한 이유다."라고 말하면 되는 것이다. 연구에 따르면 최종 목표를 적는 이 간단한 단계를 통해 목표를 달성할 가능성이 세 배나 더 커진다고 한다.

이 책은 전반적으로 목표를 확인하고 기록함으로써 달성하는 비결을 다루고 있다. 목적을 위해 자신에게 무엇이 중요한지 규명하고 그것이 자신에게 중요해지도록 만들어준다. 만약 당신이 부모라면 그것이 가족에게 중요해지도록 만들면 된다. 그러면 당신은 이렇게 말할 수 있다. "이것이 바로 우리의 모습이다. 이것이 바로 우리를 나타낸다."

이 같은 명확성이 없으면 우리는 변덕에 속수무책이 된다. 우리는 매일 수많은 광고의 영향을 받고 있다. 스마트폰이나 인터넷에서 보는 모든 것을 통해 끊임없이 광고와 홍보에 노출되며 어쩌면 세뇌를 당하고 있는지도 모른다. 이를 제대로 알지 못하면 잘못된 길로 인도되어 경제적 목표를 달성하는 일이 어려워진다. 경제적 자유가 자신에게 어떤 의미인지에 답하는 과정을 통해 확인한 '가장 중요한 이유'

를 기반으로 자신만의 진로를 설정해야 한다.

다시 말해 인도해주는 것이 없다면 우리는 바다에서 이리저리 표류하는 방향키 없는 배와 마찬가지 신세가 된다. 시류에 따라 이리저리 휩쓸리게 될 것이고, 우연한 경우가 아니고서는 결코 우리의 목표에 도달하지 못할 것이다. 목표가 무엇이고, 왜 그것이 중요한지를 간단히 규명해야 그 목적을 가지고 올바른 방향으로 나아갈 수 있다. 걱정할 필요는 없다. 당신은 언제든 목표를 조정할 수 있기 때문이다. 부산으로 향하던 배의 항로를 바꿔 제주도로 갈 수도 있는 것이다.

일단 목표를 파악하고 경제적으로 자유로워지는 것이 어떤 의미인지 알고 나면, 다음으로 이어지는 질문은 이것이다.

'당신이 목표에 도달하는 데 필요한 자금은 얼마인가?'

이 책의 후반부로 가면 몇 가지 구체적인 계량적 분석을 통해 필요한 자금이 얼마인지 확인해볼 수 있다. "돈이 좀 필요하다."라고 막연하게 말하면 안 된다. 단돈 1원이라도 정확하게 산출해야 한다. 전통적인 '손익계산서' 혹은 은행에서 말하는 소위 '수입지출명세서'를 작성해야 한다. 이를 '재무제표'라고 말한다.

은행은 대출 신청을 할 때마다 당신의 자산과 부채(빚) 그리고 이 두 항목 사이의 차이인 '순자산'을 보여주는 개인의 대차대조표를 제출하라고 요구한다. 따라서 현재 어떤 목표를 추구하든 대차대조표를 반드시 사용해야 한다. 그것이 회사의 대차대조표이든, 개인의 대차대조표이든 상관없다. 나는 이 대차대조표의 구성을 낱낱이 살펴보고, 당신이 경제적 자유를 얻는 데 필요한 것이 무엇인지 결정하기 위한 손익계산법을 사용할 것이다.

그렇다면 당신은 경제적 자유를 어떻게 정의하는가? 당신에게 경제적 자유는 일하러 갈 필요가 없다는 의미일 수도 있고, 좋아하는 일을 위해 낮은 보수를 받거나 혹은 돈을 받지 않아도 된다는 의미일 수도 있다. 또 거주할 집이 있다는 의미일 수도 있다. 어떤 사람들에는 집과 차를 소유한다는 뜻일 수도 있다. 빚을 지지 않는 것이 중요한 사람도 있을지 모른다. 돈 걱정 없이 세계를 여행할 수 있을 만큼 언제든 일정한 수입이 들어오고 다른 사람들에게 의존하지 않는 것이라고 말하는 사람도 있을 것이다. 또한 자선단체에 기부하거나, 선교 활동을 하거나, 다른 사람들을 돕기 위한 성금을 내고 싶어 하는 사람도 있을 수 있다.

오답은 없지만, 방향은 필요하다. 경제적으로 자유로워진다는 것이 어떤 의미인지 생각해보자. 그런 다음 계산을 해보자. 하지만 그러기 전에 '충분하다'는 게 어떤 의미인지 구분할 세 가지 개념을 먼저 이야기해볼 것이다.

그렇다면 당신은 경제적 자유를 어떻게 정의하는가?

필요한 것, 원하는 것, 바라는 것

경제적 자유는 필요한 것needs, 원하는 것wants, 바라는 것wishes 사이의 차이를 이해하는 데서 큰 영향을 받는다. 이 세 가지 개념을 하나씩 살펴보자. '필요한 것'은 세 가지 개념 중 가장 기본이다. 미국연방재난관리청FEMA이 응급 상황에서 사람들에게 제공하는 서비스를 생각해보면 된다. 그것은 기본적으로 필요한 것이다. 사람들은 물, 쉼터, 음식 그리고 건강관리가 필요하다.

'원하는 것'은 더 선호하는 삶의 방식에 관한 것이다. 돈, 휴가, 자동차 그리고 좋은 동네의 집 등이 모두 원하는 것에 해당한다. 사람들은 필요한 것과 원하는 것 사이의 차이점에 대해 논쟁을 하기도 한다. 대개는 그때그때 다르다. 원하는 것은 당신이 지금 '어떻게 살고 있는가?' 하는 것이다. 경제적 측면에 얽매이지 않고 살고 싶은 방법이다. 또한 깊게 생각하지 않고 소비하는 것이다. 당신은 연체 없이 신용카드를 사용할 수도 있다. 빚은 좀 있지만 영화를 자주 보러 갈 수도 있다. 여행을 가거나 휴가를 갈 수도 있다. 이러한 일은 하고 싶기는 하지만 반드시 해야 하는 일은 아니다. 다시 말해 이러한 일들은 하지 않아도 살아가는 데 큰 지장이 없다. 이러한 것들을 계산할 수 있어야 한다.

'바라는 것'은 만약 갖게 된다면 모든 면에서 완벽한 삶이 될 수 있다고 생각되는 것이다. 당신은 무엇을 할 수 있으면 좋겠는가? 별장이 갖고 싶을지도 모른다. 어쩌면 교회의 모든 선교활동에 참여하고 싶을지도 모른다. 바라는 것이 무엇이든 간에 자신에게 솔직해질 필요가 있다. 필요한 것, 원하는 것, 바라는 것이 각기 무엇인지 정확하게 파악해야 한다. 그래야 손익계산을 할 수 있다. 그 비용을 감당하려면 얼마가 필요한가? 만약 필요한 것이 노숙자가 되지 않는 것이라면 집이 필요하다. 아이들을 학교에 데려다주고 직장에도 갈 수 있으려면 자동차가 필요하다.

기본적으로 필요한 것은 무엇인가? 음식은 필요한 것이지만, 영화 감상은 원하는 것이다. 영화를 반드시 봐야 하는 것은 아니다. 따라서 이 두 개념의 차이를 알아야 한다. 걱정할 것 없다. 원하는 것을 포기하라고 하지는 않을 것이다. 그저 원하는 것을 바탕으로 당신의 '무한 순자산infinity net worth'이라고 불리는 무언가를 계산해보려는 것이다.

필요한 것이 무엇인지 아는 것이 중요하다. 그래야 필요한 것을 실제로 마주했을 때 그것을 알아볼 수 있다. 필요한 것이 이미 충족되었다는 사실을 모른 채 재무설계자에게 이리저리 끌려다니는 것처럼 안타까운 일도 없다.

지금부터 당신은 자신에 대한 여러 항목의 수치를 정확하게 파악하고 자신에게 맞는 계획을 세우게 될 것이다. 이 모든 것은 소득, 경비, 자산, 부채 등 간단한 금융의 범주를 아는 것으로 요약된다.

다음 장에서는 투자 전략을 금융기관에 맡기는 것이 개인에게 불리하게 작용하는 이유를 설명할 것이다. 손익계산을 하면 이는 분명해진다. 하지만 왜 평범한 사람들과 그들을 위해 봉사해야 하는 금융기관 사이에 이 같은 단절이 있는지 먼저 알아둘 필요가 있다.

Chapter 02

경제적 구속에
빠지는 이유

메리는 교직 생활을 하다 은퇴했다. 그녀의 남편은 수년 전에 세상을 떠났고, 그녀는 친구들과 만나거나 정원을 가꾸며 일상을 보냈다. 그녀는 집을 사랑했다. 너무나도 많은 기억이 서린 곳이었고, 세상을 먼저 떠난 남편과 계속 연락하고 지내는 것처럼 느껴지게 해주는 장소였기 때문이다.

메리는 경제적으로 안정감을 느꼈지만, 은퇴 후 자신이 돈을 잘 관리하고 있는지 항상 궁금했다. 그러던 차에 마침 그녀의 친구가 어떤 재무설계사에 대해 말해주었다. 그 재무설계사는 앨런(가명)이었다. 그는 성공한 재무설계사였다. 늘 멋진 양복에 머리는 단정했으며, 자기 업무에 대한 전문성이 돋보였다.

메리는 앨런과 약속을 하고 잘 꾸며진 사무실에서 그를 만났다. 카펫과 예술품은 아름다웠고, 사무실 한가운데 있는 크고 빛나는 체리나무 책상에 앉아 있는 모습은 마치 대통령 같은 분위기를 풍겼다.

메리는 감명을 받았다. 앨런은 그녀에게 무엇이 필요한지, 그리고 그녀의 생활방식은 어떤지 물었다. 그는 대부분의 책임감 있는 재무설계사라면 해야 할 일을 했다. 즉, 고객이 어디에 돈을 쓰고 있는지 알아내고자 했다.

앨런은 메리의 지출 내역을 보여주는 차트를 작성했다. 그것은 조만간 그녀가 매년 전 재산의 4%를 쓰며 먹고살게 될 것이라는 내용이었다. 이에 따르면 그녀가 100살 넘게 살지 않는 이상 돈이 바닥나지는 않을 것이었다. 메리는 매우 안도감을 느꼈다. 그래서 자신의 은행 계좌를 모두 앨런에게 넘겼고, 사망한 남편의 퇴직금 계좌도 함께 넘겼다.

앨런은 그녀의 계좌를 관리하기 시작했다. 그리고 메리에게 정기적으로 재무상태 관리보고서를 보내줬다. 생일 카드와 크리스마스 카드도 보냈다. 그 외에는 앨런에게 한마디도 듣지 못했다.

메리는 1년에 한 번 정도 연락해서 자신의 포트폴리오가 안정적인지 확인하곤 했다. 그러면 앨런은 모든 것이 기준에 부합하니 걱정하지 말라고 했다. 그녀가 필요한 것을 충족하는 데 아무런 문제가 없다는 설명이었다.

그러던 중 주식 시장이 곤두박질쳤다. 메리는 자기 계좌의 가치가 3분의 1 이상 하락한 것을 보고 충격을 받았다. 당황한 그녀는 앨런에게 전화를 걸었다. 앨런은 안심하라며 포트폴리오를 재조정하겠다고 말했다. 또한 자신이 설계한 포트폴리오가 폭풍우를 이겨낼 만큼 건전한 상태라고 안심시켰다.

의구심을 떨칠 수 없었던 메리는 포트폴리오 재조정의 구체적인 단계를 논의하기 위해 앨런을 만났다. 그 자리에서 앨런은 포트폴리오 배분과 다양화, 그녀가 투자한 모든 뮤추얼펀드, 그리고 기다리면 시장이 어떻게 정상화될 것인지에 대해 이야기했다. 하지만 메리는 시장이 바닥을 치고 있기 때문에 당장 먹고살려면 펀드를 팔아 현금을 마련해야 한다고 말했다.

앨런은 메리가 사회보장 혜택을 받고 있고, 교사 퇴직연금 등 다른 수입원도 가지고 있어서 보유한 재산을 하나도 팔지 않아도 충분히 먹고살 수 있다고 상기시켜주었다. 하지만 메리의 자산은 크게 줄어든 상태였다. 그녀는 일거에 저축한 돈의 거의 3분의 1을 잃었다. 그녀는 몹시 기분이 나빴다. 앨런은 자신이 투자한 것들이 그녀에게 적합하고 위험을 감수할 만했다고 주장했지만, 메리는 다른 의견도 들어보고 싶어 자신의 포트폴리오를 공인 재무설계사 신디(가명)에게 가져갔다.

신디는 메리의 자산 포트폴리오를 분석해본 결과, 그녀가 여러 개의 뮤추얼펀드를 가지고 있었지만 상당수의 뮤추얼펀드가 동일한 곳에 투자되고 있음을 금방 알아챘다. 간단히 말해 펀드 1은 A사에 10% 투자되고 있었고, 펀드 2는 A사에 20%의 지분을 가지고 있었다. 즉, 메리는 자신의 돈이 투자된 회사가 여러 곳이라고 생각했지만, 사실은 한 회사에 투자가 몰려 있었던 것이다.

또한 신디가 위험 노출도를 평가해본 결과, 메리는 앨런의 말처럼 보수적인 포트폴리오가 아니라 기술기업 중심의 공격적인 포트폴리오인 것으로 나타났다. 즉, 돈을 벌기 위해서는 기술기업에 집중적으로 투자할 필요가 있었다는 뜻이다. 또한 그녀의 포트폴리오 잔고가 높아 보였던 유일한 이유는 그 당시 기술기업 주식들에 대한 수요가 컸기 때문이다. 하지만 수요가 사라지자마자 주식은 하락했고, 그녀의 포트폴리오에는 실질적인 자산이 거의 남아 있지 않게 되었다.

메리는 충격을 받았다. 그녀는 자신의 한계를 알고 재정설계사와 계약을 했다. 그녀는 살아가는 데 필요한 것을 정확히 나열했다. 그리고 재정설계사가 경기 침체를 이겨낼 포트폴리오를 만들어줄 것으로 기대했다. 하지만 이제 보니 실상은 정반대였다.

메리는 가치가 떨어진 포트폴리오를 청산하지 않으려면 살던 집을 팔고 생활비를 줄이는 것 외에는 다른 방법이 없다는 것을 알게 되었다. 그녀는 아주 중요한 교훈을 배웠다. 자신의 계획이 자신에게 필요한 것이 맞는지 확인할 궁극적인 책임은 결국 자기 자신에게 있다는 것이었다. 메리는 이제야 안목이 커졌다.

금융기관의 비밀

알고 보면 고객의 최대 관심사에 무관심한 금융기관이 많다. 이 말이 믿기지 않는다면 최근의 사례를 살펴보자.

모건스탠리의 한 고위직 직원이 회사에 대한 충격적인 사실을 알게 되었다. 직원들의 퇴직 계획에 포함된 투자 상품들을 꼼꼼히 살펴본 결과, 매일 고객에게 판매하는 비싸고 수익성 낮고, 수수료는 비싼 펀드 상품들이 많이 포함되어 있었던 것이다. 이 펀드에 투자하는 직원은 수백만 달러의 퇴직금을 잃을 처지가 되었다.

모건스탠리가 왜 이런 짓을 했을까? 이러한 펀드를 매입하면 직원들의 퇴직금 가치는 떨어지더라도 회사에는 상당한 매출과 수익이 발생하기 때문이었다. 모건스탠리의 고위직 직원들이 고용주를 상대로 집단소송을 제기하면서 그는 결국 원고 측 대표가 되었다.

그동안 모건스탠리의 많은 직원들이 고객에게 모건스탠리의 펀드 상품을 팔았다. 그런데 자신들이 판매한 상품 때문에 회사를 고소하게 될 줄은 생각지도 못했다. 고용주도 회사 퇴직금 계좌에 똑같은 펀드 상품을 보유하고 있었기 때문이다. 이게 무슨 황당한 말인가 싶겠지만 100% 사실이다.

이런 일이 일어난 건 모건스탠리뿐만이 아니다. 불행하게도 다른 사례들도 꽤 많다. 미국 일간지 〈월스트리트저널〉은 플로리다주의 교사들이 교원노조를 상대로 낸 소송 사건을 보도했다. 노조는 조합원들에게 조합이 소유하고 있는 회사의 퇴직금 펀드를 매입하라고 권했다. 노조는 교사들에게 이 펀드는 수수료가 더 비싸고 나중에 교사들이 은퇴할 때가 되면 투자 원금이 더 줄어들 가능성이 있다는 사실은 밝히지 않았다. 이것이 많은 금융기관들이 펀드를 운영하는 방식이라는 사실을 우리는 알아야 한다.

경제적 구속은 현실이며, 이번 장에서 그것이 무슨 의미인지 배우게 될 것이다. 세계 역사상 정보를 지배한 사람들이 남용을 저지른 사례는 수없이 많다.

예를 들어 일부 중세 교회에서는 성경이 라틴어로 적혀 있었고, 평민이 라틴어를 배우는 것은 불법이었다. 이는 평민이 성경 내용을 알고 싶으면 이를 해석해줄 누군가를 찾아가야 한다는 것을 의미했다. 그런데 통역하는 사람이 자기에게 유리한 방향으로 해석하는 경우가 많았다. 이들이 이렇게 말할 수도 있는 것이었다. "성경이 가라사대 나에게 돈을 주면 천국에 갈 수 있을 것이다."

모든 계급의 사람들이 알거나 배우는 것을 통제당하는 경우도 있었다. 과거에는 직무 수행이 절대적으로 필요한 경우에만 교육이 허용된 경우가 많았다. 그들은 지배 계급에 이익이 되는 경우에만 읽고, 간단한 산수를 하고, 글을 쓰는 것이 허용되었다. 다시 말해 그들은 의도적으로 어둠 속에 갇혀 있었다. 경제적 구속은 이러한 방식으로 이루어진다. 금융기관들은 우리를 어둠 속에 가둬두고자 애쓴다. 이 책에서는 당신이 은행이나 증권사로 인해 경제적 감옥에 갇히는 것을 피하는 방법을 알려준다.

이는 미국에서 분명히 일어나고 있는 일이다. 극소수의 사람이 엄청난 부를 지배하고 있다는 것은 나머지 우리 같은 사람들은 항상 그들을 위해 일하고 있다는 것을 의미한다. 금융계에는 지배자와 포로가 있다. 통치자는 지배하는 위치에 있고, 수감자들은 통치자를 위해 일해야 한다. 어떻게 그럴 수 있을까?

경제적 구속은 부채로 인해 유지된다. 부채는 금융기관이 당신을 지배하게 만드는 메커니즘이다. 부채 때문에 당신은 매일 다른 사람을 위해 일해야 한다. 60세에 문득 정신을 차리고 보니 말 그대로 부채 때문에 일생을 일하고 있다는 것을 깨닫게 된다. 나머지 돈도 부채에 대한 이자를 내기 위한 것임을 알게 된다. 그런데 당신은 자영업자일 수도 있고, 여전히 다른 사람에게 고용된 사람일 수도 있다. 당신의 집은 누구의 소유인가? 주택담보대출을 제공해준 은행의 소유일 가능성이 높다.

만약 당신이 집을 소유한 사람이라면 약간의 자유를 맛보았을 것이다. 이는 다른 누군가를 위해 일을 하지 않는다는 것을 깨닫고 기분이 좋아진 것과 같다.

만약 집을 소유하고 있지 않거나 주택담보대출을 받고 있는 사람이라면, 특히 경기 침체를 겪고 있는 사람이라면 자산이라고 생각했던 어떤 것에 빚을 지고 있다는 것이 얼마나 파괴적일 수 있는지 깨닫게 된다. 요점은 주택담보대출을 받아 살고 있는 집은 자신의 자산이 아니라는 것이다.

당신은 실제로 부채(주택담보대출)를 얻어 또 다른 부채(집)를 구매한 것이다. 이는 매우 큰 고통을 초래한다. 이것이 실제로 어떤 영향을 미치는지에 대한 통계자료를 보면 아마 놀라 눈이 휘둥그레질 것이다.

사회보장제도, 너무 믿다가 큰코 다친다

몇 가지 통계를 살펴보자. 연구에 따르면 약 42%의 미국인들이 은퇴할 때 호주머니에 돈이 1만 달러도 안 되는 거의 빈털터리 신세가 될 것이라고 한다. 이는 본질적으로 복지에 관한 문제다. "내가 지금까지 사회보장금(한국의 국민연금에 해당 – 옮긴이 주)으로 낸 돈이 얼마인 줄 알아?"라며 반박하고 싶은 사람도 있을지 모르겠다. 미안한 말이지만, 이는 당신이 받을 퇴직연금 액수에 대한 결정을 다른 사람에게 의존하게 만든다. 펜대를 한번 굴리면 사라질 수도 있는 것이다.

나는 공공 프로그램에 의존하는 것을 그다지 좋아하지 않는다. 공공 프로그램에 악의가 있는 것은 아니지만, 이는 은퇴 계획이 아닌 안전망 정도로 생각해야 한다. 사회보장제도가 처음 만들어졌을 당시에는 일반적인 기대수명보다 오래 사는 사람들에게 보험 혜택을 제공하기 위한 것으로 고안되었다. 대부분의 사람들이 평균 2년 정도만 이 보험금을 받을 것으로 예상되었다. 실제로 미국 사회보장국 웹사이트에 따르면, 사회보장제도가 처음 제정되었을 당시 미국인 남성의 평균 수명은 58세였다.

만약 사회보장제도가 진정한 안전망이라면 아무리 오래 살아도 당신의 은퇴 생활을 보장해줘야 한다. 요즘 사람들은 사회보장제도에 의존해 은퇴 생활을 대비하고 있는데, 은퇴 생활에 대한 책임은 절대적으로 자신이 져야 한다. 이것이 바로 무한 투자 법칙의 기본 철학이다. 우리가 일을 하든, 하지 않든 돈이 들어와야 하는 것이다.

사회보장은 단지 안전망일 뿐이다. 은퇴 연금을 받게 될 수도 있지만, 내가 마음대로 할 수 있는 자신이 아니기 때문에 계산에 포함시키지 말아야 한다. 어쩌면 다른 누군가에게 빼앗길 수도 있다.

은퇴 준비를 위한 저축은 필수다

미국 회계감사원GAO의 최근 보고서에 따르면, 은퇴를 앞둔 미국인 중 절반은 '직장은퇴연금 401(k)'이나 기타 개인 계좌에 저축한 것이 없다고 한다. 미국인들은 왜 은퇴 생활을 위한 저축을 하지 않을까? 사실 많은 미국인이 꽤 호화로운 생활을 하고 있기는 하다. 거의 모든 사람이 휴대전화를 들고 다니지만, 그중 상당수는 노후를 대비한 저축이 충분하지 않다. 왜냐하면 노후 생활을 위한 저축의 중요성을 이해하지 못하거나, 그것이 왜 중요한지 이해한다고 하더라도 그것을 우선시하지는 않기 때문이다.

그럼 내 이야기를 먼저 해보도록 하겠다. 내 직업은 변호사이고, 부동산에 대한 절세 업무를 하고 있다. 이는 곧 계획에 없는 일들이 일어날 수 있음을 의미한다. 그러므로 모든 재정 계획에 긴급 자금이 포함되어 있다. 하지만 이것은 지속적인 부에 대한 계획에는 포함되지 않는다. 보호 기능은 별도로 구축해야 한다.

건강보험을 예로 들어보겠다. 만약 치명적인 병에 걸렸는데 건강보험이 없다면 경제적으로 엄청나게 곤란한 상황이 발생할 것이다. 그래서 건강보험에 가입함으로써 그 같은 위험을 완화하는 것이다. 차를 운전하는 경우에도 비슷한 예를 적용할 수 있다. 자동차보험에 가입하면 교통사고가 나더라도 수월하게 처리할 수 있고, 만약 부상이나 사망과 관련된 심각한 사고가 나더라도 비용 손실의 위험을 줄일 수 있다.

주택화재보험이나 생명보험도 마찬가지다. 특히 생명보험은 반드시 가입해야 한다. 통계자료를 검토해보면 안다. 60세 이상까지 생존한다면 장기 병원 진료비가 발생할 위험이 50% 이상이며, 미국인의 경우 그 평균 비용은 20만 달러가 넘는다. 통계적으로 어떤 일이 발생할 위험이 50%라면 그 위험을 완화해야 한다. 장기요양보험에 가입하는 것도 이에 포함될 것이다.

누군가 "나는 돈이 항상 모자라."라고 말하는 소리를 들으면 나는 의구심이 든다. 형사재판을 다뤄왔던 내 경험에 따르면, 만약 판사가 피의자에게 보석금을 내면 석방시켜주겠다는 선택권을 줄 경우 사람들은 항상 어떻게 해서든 돈을 마련한다. 감옥에 남아 있으려는 사람은 거의 한 명도 없다. 그들의 재정 상태가 어떤지 나는 잘 모른다. 하지만 필요하다고 생각하면 사람들은 기꺼이 돈을 찾는다.

은퇴를 위한 저축을 시작하는 것이 우선순위가 아닐 때도 있다. 저축 대신 다른 일을 하는 것이 더 좋을 수도 있다. 저축을 우선순위에 두는 것보다 영화를 보러 가는 것을 더 선호할 수도 있고, 일주일에 두세 번 외식하러 가는 게 더 좋을 수도 있다. 연금 저축을 우선시하고 그것을 청구서처럼 처리하고자 한다면 그렇게 할 수도 있다. 이를 위해서는 이른바 '목 위로의 점검'이 필요하다. 돈이 부족한 것에 대해 외부 상황을 탓하기보다는 자신의 사고방식부터 살펴야 한다는 말이다.

오늘이든 내일이든, 마음만 먹으면 연금 저축을 시작할 수 있다. 어떻게든 시작하게 될 것이다. 단돈 10달러라도 상관없다. 일단 시작하는 것이 중요하다. 일단 시작하면 습관이 되고, 시간이 지나면 청구서처럼 취급하게 된다. 통계적으로 볼 때 미래의 어느 시점에는 그 돈이 100만 달러 이상으로 불어날 것이다. 단순한 산수 계산으로도 이러한 답이 나온다.

평생을 따라다니는 학자금대출 부채

2000~2007년에는 경제가 정말 달아올랐다. 그런 다음 경기 침체가 불어닥쳤고 동력이 떨어지기 시작했다. 이 이야기의 중요한 부분은

학자금대출에 관한 것이다. 경기 침체가 시작된 이후 학자금대출 부채가 급증했다. 미연방준비제도(연준, Fed)에 따르면 이 기간에 학자금대출 관련 부채가 세 배 이상 증가했다고 한다.

많은 사람들이 이 시기에 일자리를 잃었다. 논란이 된 인기 있는 해결책 중 하나는 '학교에 돌아가 새로운 일을 배우거나, 직업을 바꾸거나, 경영대학원MBA 학위를 취득하라!'는 것이었다. 하지만 문제는 사람들이 직업을 갖지 못해서 등록금을 낼 돈이 없다는 것이었다. 그들은 돈을 빌려야 했고, 이로 인해 다시 학교에 다니는 동안 아무런 소득도 들어오지 못한 채 더 큰 빚을 지게 되었다.

경기 침체기에 학자금대출 부채를 신용카드 부채와 비교하는 것은 설득력이 있다. 신용카드 빚은 상당 기간이 지나면서 줄어드는 반면, 학자금대출 부채는 그 반대였다. 문제를 훨씬 더 악화시킨 것(이는 미국의 더러운 부채의 비밀이다)은 다른 종류의 부채를 없애는 방법으로는 학자금대출 부채를 없앨 수 없다는 것이었다.

학자금대출과 달리 라스베이거스에 가서 흥청망청 쓰다가는 신용카드 한도가 초과될 수 있다. 신용카드로 도박을 하고, 주말에 파티를 열고, 온갖 돈을 쓸 수 있다. 그러다가 빚이 5만 달러에 도달하면 그 신용카드에 대한 파산 신청을 할 수 있다. 하지만 5만 달러의 학자금대출 부채는 파산 신청이 불가능하다. 물론 어떤 정치인들은 학자금대출 빚을 탕감해주겠다고 말하지만, 아직까지는 그저 말뿐이다. 교직자나 공무원이 되면 일정 액수의 학자금 빚을 탕감해주는 프로그

랜이 있기는 하지만 파산 신청은 안 된다. 학자금대출 부채는 일생 동안 가지고 가야 한다.

학자금대출 때문에 집도 못 사는 현실!

이제 도미노가 쓰러지기 시작했다. 학자금대출로 인한 부채는 주택 소유율에도 영향을 미쳤다. 학자금 부채가 증가하면 청년들은 집을 살 여유가 없어지고, 집을 빌려야 한다. 이를 뒤집어야 한다. 이는 임대할 집을 찾는 사람이 많다는 것을 뜻한다. 즉, 시장에서 수요가 창출된다. 이는 당신이 임대주가 되어야 한다는 것을 의미한다. 정신 나간 소리라고 생각할지도 모르지만, 〈월스트리트저널〉과 워싱턴의 경제사회정책 연구기관 '어번 인스티튜트'가 내놓은 통계에 따르면 미국 젊은이들의 주택 소유율이 3세대 만에 최저치를 기록하고 있다고 한다.

젊은이들이 자기 집을 사지 못하고 세입자로 살고 있다. 이는 부채가 심각한 상황을 초래하고 있다는 의미다. 학자금대출 부채는 주택 소유율이 낮아지는 것과 직접적인 상관관계가 있다. 이것이 경제적 구속이 아니고 무엇인가? 그것은 당신이 다른 사람에게 재산을 빌려 쓰는 사람이 되도록 몰아세운다. 이를 달리 뭐라고 설명해야 할지 모르겠다. 미안하지만, 어쩔 수 없이 빌려야만 해서 빌렸다면 당신은 이미 포로 상태다.

경제적 조언, 누구에게 듣는가가 중요하다

우리에게 경제적 조언을 해주는 사람이 누구인지 생각해보자. 우리는 누구의 말을 듣는가? 누가 우리에게 조언을 해줄 수 있는가?

지금부터 동네 정육점을 운영하는 스티브라는 남자를 소개하고자 한다. 당신은 수년 전부터 그를 알았으며, 이제 친구로 지낸다. 정육점에 들어가면 스티브는 웃으며 인사를 하고 아이들의 안부를 묻는다. 그는 당신에게 오늘 무엇을 살 것인지 묻는다. 당신은 "스티브, 식단 짜는 게 너무 지겨워. 다음 주 저녁식사 메뉴 짜는 것 좀 도와줄 수 있어?"라고 묻는다. 스티브는 진심으로 돕고 싶어 한다.

그는 방금 들어온 송아지 고기를 월요일 메뉴로 제안한다. 화요일에는 닭고기를 먹으라고 말한다. 수요일에는 갈비구이가 괜찮을 것 같다고 말한다. 또 목요일에는 폭찹 요리를, 금요일에는 등심을 먹으라고 추천한다.

스티브가 저녁 식사로 추천하지 않은 것은 무엇인가? 그는 생선과 채소를 더 먹으라고 말하지 않을 것이다. 신선한 과일을 사러 시장에 보내지도 않을 것이다. 자신이 파는 붉은 육류가 건강에 좋지 않다며 섭취량을 줄이라고 말하지도 않을 것이다.

잠깐만! 스티브는 당신의 친구다. 그런데 왜 이런 안 좋은 조언만 하는 것일까? 그것은 그가 정육업자이기 때문이다. 고기를 파는 것이 그의 일이다. 고기를 팔아서 돈을 벌어야 하는 사람이다. 그런 그가 당신의 이익이 아닌 자신의 이익을 먼저 생각하는 것은 당연하다. 어디 스티브뿐이겠는가? 도요타 대리점에 가서 "나에게 가장 좋은 차가 무엇일까요?"라고 물으면 도요타 라인의 최고급 차종을 보여줄 것이다. 캐딜락 대리점에 가면 캐딜락을 사라고 권할 것이다. 정육점 주인 스티브, 캐딜락 딜러 그리고 도요타 딜러는 모두 사업가다. 그들은 당신의 가장 큰 이익을 보살필 필요가 없다.

스티브의 정육점을 다녀온 후 당신은 조금 당황한다. 가족의 건강을 지키려면 더 많은 책임을 져야 한다는 것을 깨달았기 때문이다. 그래서 영양사인 메리를 찾아가 "우리 가족이 저녁으로 무엇을 먹어야 할까요?"라고 묻는다. 그러자 메리는 통곡물, 채소, 생선을 골고루 섭취하는 식단을 짜준다.

메리가 송아지 고기를 추천하지 않는다는 점을 주목하자. 그녀는 또한 아무것도 팔지 않는다. 그녀야말로 소위 말하는 '자산수탁자'다. 이는 아마도 이 책에서 가장 중요한 단어일 것이다. 자산수탁자는 당신에게 필요한 것을 자신이 필요로 하는 것보다 더 우선으로 생각한다.

자산수탁자는 당신에게 필요한 것을 자신이 필요로 하는 것보다 더 우선시한다.

문제는 90%의 미국인들이 자신의 재무설계사를 자산수탁자로 잘못 생각한다는 것이다. 은행에 가서 어디에 투자해야 하는지 물어보면 재무설계사는 자기네가 보유한 어떤 투자 상품이라도 가장 많은 돈을 벌 수 있다며 당신에게 판매하려 할 것이다. 그것이 그들의 비즈니스 모델이다. 그들이 반드시 당신에게 가장 이익이 되는 일을 하지는 않는다. 왜냐하면 그들은 그럴 필요가 없기 때문이다.

은행에 가서 양도성예금증서CD 담당 창구로 가면 그들은 당신에게 CD를 판매하려 할 것이다. 증권사에 가면 주식을 팔 것이다. 나는 부자인 사람들이 증권사의 말만 듣고 투자했다가 돈을 잃는 것을 많이 보았다.

증권사는 끊임없이 주식을 거래한다. 증권사들이 거래 수수료를 통해 수익을 올리기 때문이다. 그것이 그들의 비즈니스 모델이다. 그들은 자산수탁자가 아니다.

내가 너무 과장한다고 생각하기 전에 이 장의 첫머리에 기술했던 모건스탠리 소송으로 되돌아가보자. 모건스탠리는 자사에 상당한 매출과 수익을 제공하는 방식으로 퇴직금을 투자했지만, 그 포트폴리오를 직원들에게 가장 유리하게 만들지 못했다. 직원들의 불만이 바로 이 점이었다.

모건스탠리는 자산수탁자의 역할을 하지 않았다. 이는 아주 중요하다. 자산수탁자는 반드시 연금 계좌를 고객의 최대 이익을 위해 운용해야 하기 때문이다. 수탁 책임이 없다면 그들은 단지 투자 적합성 기준에 따라 운영할 가능성이 있다.

자동차를 예로 들어 차이점을 한 번 더 쉽게 설명해보겠다. 가족이 네 명인 사람이 쉐보레 대리점에 가서 "가족이 탈 자동차가 필요해요."라고 말한다면 그들은 개조된 2인승 코르벳을 두 대 판매하려고 할 것이다. 그들은 아마도 이렇게 말할 것이다. "보세요. 가족이 네 분이잖아요. 그러니까 손님과 아내 분이 각각 한 대씩 차를 운전하시고, 조수석에 아이를 한 명씩 태우시면 될 겁니다."

엄밀히 말해 이 옵션은 4인 가족에 대한 운송 수단을 제공하는 것이기 때문에 적합성 기준을 충족한다. 하지만 그것이 당신 가족에게 최선인가? 당연히 그렇지는 않다. 당신에게 가족을 위한 훨씬 더 합리적이고 저렴하며 안전한 선택지는 SUV나 미니밴이다. 그것이 가족에게 최선의 이익이 될 것이다. 쉐보레 대리점이 적합성 기준에 따라 운영된다면 코르벳을 판매해서 많은 돈을 벌 수 있을 것이다. 엄밀히 따지면 두 대의 코르벳 옵션이 4인 가족을 위한 자동차라는 적합성 기준에 부합하기 때문이다.

만약 당신의 가족에 대한 자산 수탁의 책임을 지고 있다면 그들은 자기네 이익이 아니라 당신에게 가장 이익이 되는 제품을 팔아야 할 의무가 있다. 그것이 자산수탁자가 해야 할 일이다. 그렇지 않으면 쉐보레 대리점의 딜러가 코르벳을 팔고, 은행원이 뮤추얼펀드를 파는 것이 조금도 이상하지 않다.

겉보기와 다른 뮤추얼펀드의 실제 수익

그렇다면 수탁 의무는 뮤추얼펀드 운용에 어떤 영향을 미칠까? 뮤추얼펀드에 숨겨진 실제 숫자를 파헤쳐보자. 이는 단지 내 의견이 아니라 경제전문지 〈포브스〉에서 알려주는 뮤추얼펀드와 퇴직연금의 실제 비용이다.

내가 여기서 이것을 언급하는 이유는 펀드매니저가 당신에게 공개하는 것이 실제 비용이 아니기 때문이다. 실제 비용을 계산하는 방법은 간단하다. 연초에 보유했던 투자금과 연말에 남아 있는 투자금을 비교하면 된다. 가치가 올랐는가, 아니면 하락했는가? 이것이 당신에게 실제로 수익이 발생했는지를 말해줄 것이다. 간단하지 않은가?

당신의 뮤추얼펀드 계좌에 10만 달러가 있고 펀드자문가가 "고객님, 올해 7%나 올랐네요."라고 말한다면 당신은 아마 뮤추얼펀드의 투자금 잔액이 10만 7,000달러라고 예상할 것이다. 하지만 당신의 계좌 증명서를 떼어보면 10만 2,000달러만 찍혀 있음을 알 수 있다.

간단한 계산이 나온다. 당신의 수익률은 겨우 2%다. 법정 중계 수수료와 세금을 공개하지 않아도 되기 때문에 펀드매니저는 수익이 7%라고 말해도 된다. 실제 비용이 얼마인지 알 수 있는 유일한 방법은 계산을 통해 이 뮤추얼펀드에 대한 세금 비용과 기타 수수료가 얼마인지 따져보는 것이다. 그래서 나는 뮤추얼펀드를 별로 좋아하지 않는다. 비용이 너무 많이 들기 때문이다.

그 이유는 무엇일까? 뮤추얼펀드 계좌와 관련된 숨겨진 수수료를 살펴보면 된다. 다른 종류의 투자 수수료는 굳이 생각하지 않아도 된다. 뮤추얼펀드는 비용에 대한 비율이 있다. 여기에는 거래 비용이 포함되는데, 중개 수수료는 이 거래 비용의 일부다. 또한 시장 영향 보고서 수수료와 데이터 배포 비용을 포함한다.

뮤추얼펀드에서는 자동으로 세금이 신고되기 때문에 그 돈도 내야 한다. 뮤추얼펀드가 과세 유예 수단은 아니기 때문에 결과적으로 다른 사람이 가져갈 수수료에 대한 세금까지 내야 할 수도 있다. 캐시 드래그 비용(위험자산을 편입하지 못해 놓쳐버리는 기회비용 – 옮긴이 주)도 있다. 이는 일정량의 유동성을 가져야 한다는 것을 의미한다. 1,000만 달러를 투자하는 뮤추얼펀드를 보유하고 있다면 유동성 자금으로 50만 달러를 챙겨둔다는 의미다. 그 결과, 시장에 투자되는 자금은 1,000만 달러가 아니라 950만 달러가 된다. 결국 캐시 드래그가 1%에 육박한다.

계산하기 좀 더 복잡한 소프트 달러 비용(증권사의 서비스에 대해 거래 수수료로 지급되는 비용 – 옮긴이 주)이라는 것도 있다. 실제 비용이 얼마인지 파악하려면 이것들을 분해해봐야 한다. 소프트 달러 비용을 예로 들면 증권사가 뮤추얼펀드를 여러 개 보유하고 비용을 돌려쓰는 경우를 들 수 있다.

예를 들어 뮤추얼펀드 X는 엄선된 고급 고객인 큰손 투자자들을 위해 고안된 펀드다. 증권사는 그 자금을 신중하게 조달하기 위해 많은 연구를 하고 싶어 할 것이다. 그래서 다른 출처로부터 많은 연구 자료를 구입한다. 그리고 뮤추얼펀드 Y가 있다. 이는 펀드매니저들이 하급 고객(소액 투자자)이라고 생각하는 사람들을 수용하기 위한 더 큰 규모의 공적 펀드다. 증권사는 모든 펀드 X의 연구 비용을 펀드 Y에 대해 청구할 수 있다. 펀드 Y의 투자자로서 당신은 소위 소프트 달러라고 불리는 비용을 지불한다. 다른 사람에게 이득이 되는 연구에 돈을 지불하는 셈이다. 뮤추얼펀드가 비용을 부담하면 회사는 그 데이터에 접근할 수 있다. 그들은 다른 사람들의 이익을 위해 돈을 쓰고 있지만, 그 돈을 지불하는 사람은 당신이다.

자문료도 있다. 뮤추얼펀드를 사면 기관이 돈을 받는 것이다. 미국의 대형은행 웰스 파고나 다른 금융기관이 자문 역할을 하고 있을 수도 있다.

이 모든 것을 합산하면 캐시 드래그의 총비용이 4% 정도 된다. 소프트 달러 자문료는 5.8%에 육박한다. 지난해 스탠다드앤푸어스S&P 500지수는 7%의 수익률을 기록했다. 물가상승률을 고려하면 9%에 육박할 수도 있다. 하지만 청구하는 모든 수수료에 대해 5.8%를 빼면 수익성은 쑥 떨어져 보인다.

나는 많은 청중을 상대로 이 같은 내용의 프레젠테이션을 한 적이 있다. 그 직후 한 사람이 집에 돌아가서 자신의 퇴직연금에 있는 주식과 뮤추얼펀드를 살펴보니 뮤추얼펀드의 수익률은 약 7%였다. 하지만 자세히 살펴본 결과, 그는 비용 지출이 약 5%라는 것을 발견했다. 그가 받은 실제 수익금은 고작 2%였다. 그는 큰 충격을 받았다.

어떤 사람들은 나에게 "뮤추얼펀드로 5만 달러를 가지고 있어요."라고 말한다. 그러면 나는 "연말에는 얼마인가요?"라고 묻는다. 그러면 그들은 연말에 잔액이 5만 달러를 밑돌고 있으면서도 올해 5~6%의 수익을 봤다고 나를 설득하려고 한다. 그러면 나는 말한다. "말도 안 되는 소리예요. 숫자가 알려주는 내용은 전혀 다릅니다." 증권사가 성과에 대해 뭐라고 주장하든 나는 신경 쓰지 않는다. 나는 계좌에 실제로 현금이 얼마나 들어 있는지만 신경 쓴다. 당신도 그래야 한다.

증권사가 성과에 대해 뭐라 주장하든 신경 쓰지 마라.

계좌에 실제로 현금이 얼마나 들어 있는지만 신경 써야 한다.

수수료, 적다고 무시하지 마라

매년 이러한 수수료가 미치는 영향을 생각해보면, 당신은 바로 증권사를 위해 일하고 있다는 사실을 깨닫게 될 것이다. 당신의 뮤추얼펀드 계좌에서 매년 1만 달러의 기부금을 내고 있으며, 7%의 수익률을 기록했다고 가정해보자. 30년 동안 수익률이 7%였고, 관리 비용으로 4.8%를 지불했다면?

당신이 30년간 이 펀드에 쏟아부은 돈이 30만 달러라면 실제 잔액은 약 41만 5,000달러가 될 것이다. 이를 보고 "환상적이야! 엄청난 돈이구나."라고 말할지도 모른다. 하지만 같은 금액을 증권사를 끼지 않고 직접 투자하면 수수료를 내지 않아도 된다.

예를 들어 S&P 상장지수펀드ETF에서 그 수수료를 아끼고 시장에서 벌어들인 돈을 돌려받는다면 102만 달러가 될 것이다. 하지만 당신은 뮤추얼펀드에 투자했고, 그 덕분에 월가에서 60만 5,000달러를 날렸다. 월가와 당신 중 누가 당신의 돈을 더 많이 벌었을까? 당신의 계좌에는 41만 5,000달러가 있고, 월가는 60만 5,000달러를 벌었다. 대체 누가 누구를 위해 일하고 있는 것인가?

관리 비용을 4.8%에서 2%로 줄이면 어떨까? 좋은 소식은 현재 잔액이 68만 8,000달러 정도가 된다는 것이다. 나쁜 소식은 월가에 여전히 33만 2,000달러를 지불했다는 것이다. 물론 고작 2%밖에 안 되지만 엄청나게 큰돈을 증권사에 지불하고 있다. 다시 한번 자문해보라. 그들은 누구의 이익을 가장 우선으로 여길까? 도대체 누가 누구를 위해 일하는 것인가?

퍼스널 캐피털의 연구와 미국증권거래위원회SEC의 관리 수수료율 데이터에 따르면, 증권 계좌에 50만 달러가 있고 이를 30년 동안 그대로 유지할 경우 메릴린치는 거의 100만 달러의 돈을 벌 수 있다고 한다.[1] 관리 수수료율이 가장 낮은 곳은 USAA인데, 이들도 50만

---

1) 표면 아래에 숨겨진 것: 미국인들은 자문료로 얼마를 지불하는가?, 퍼스널 캐피털, 2019. 12. 6.

달러를 번다. 그런데 도대체 왜 이러한 곳에서 금융 상품들을 사고 싶어 할까?

뮤추얼펀드는 그저 한 바구니의 주식에 불과하다. 이상한 사실은 당신이 그 바구니에 어떤 주식이 들어 있는지도 모를 때가 종종 있다는 것이다. 그래서 내가 당신에게 뮤추얼펀드를 사려는 이유를 묻는다면, 당신은 아마도 다양한 주식 포트폴리오를 유지하기 위해서라고 말할 것이다. 당신은 다양성을 위해 두 개의 뮤추얼펀드를 따로 구입했다. 문제는 각각의 뮤추얼펀드가 특정 회사에 30%까지 지분을 보유할 수 있다는 점을 당신이 모른다는 것이다. 당신은 자신의 주식 포트폴리오가 다양해졌다고 생각하겠지만, 당신이 실제로 한 일은 자신을 위험에 빠뜨린 것이다.

이에 대한 대안은 ETF다. 이 펀드 역시 주식 덩어리에 불과하지만, ETF 주식을 1주씩 매입하면 이 회사 전체의 작은 지분을 소유하게 된다. 그래서 나는 채권 ETF 1주를 살 수 있고, 지금은 5,000개의 채권을 가지고 있다. 예를 들면 에너지 부문의 ETF 1주를 살 수 있고, 지금은 그 부문의 모든 회사를 보유하고 있다. 열 개의 회사가 있을 수도 있고, 400개의 회사가 있을 수도 있다. 나는 포트폴리오와 수익률이 마음에 드는 특정 유형의 펀드를 선택한다. 여기에 드는 비용은 거래 비용뿐이다. 이것이 당신의 포트폴리오에 변화를 줄까? 그렇게 믿어도 좋을 것이다.

만약 당신이 투자한 돈이 1만 달러라고 가정해보자. 1만 달러 중

5%를 수수료로 지불한다면 매년 500달러가 나가게 된다. 반면 같은 회사 주식을 ETF로 산다면 2달러 정도만 지불하면 된다.

이익은 증권사가, 위험 부담은 내가?

실제 사례를 살펴보자. 내 동료인 데이비드 맥쉐인은 40년 넘게 증권사 펀드 계좌를 정밀하게 분석했다. 우리 고객 중 한 명이 39만 8,000달러 상당의 포트폴리오를 보유하고 있었다. 데이비드는 그 계좌에 미공개된 수수료가 얼마인지 자세히 설명했다. 이제 그는 다양한 증권사 펀드의 관리 수수료, 비용 비율, 비공개 비용 등을 모두 확인할 수 있게 되었다.

그는 연구를 통해 14%라는 터무니없는 높은 수치에서 1.8%까지 이르기까지 펀드의 관리 수수료가 광범위하게 분포되어 있음을 확인했다. 가장 낮은 수수료는 골드만삭스의 S&P500 종합지수 위탁증권 SPDR이었는데, 이는 무료 내지는 약 2%의 수수료를 지불하면 되었다. 그가 조사한 24개 펀드의 평균 수수료는 4.29%였다. 만약 당신이 포트폴리오를 직접 관리하면서 동일한 회사가 포함된 ETF를 구입하기만 한다면 수수료는 1만 7,000달러에서 약 1,000달러로 줄어들 것이다. 말 그대로 40만 달러의 포트폴리오로 연간 1만 6,000달러를 절약할 수 있다.

지금까지 증권사가 시키는 대로만 했을 때 얼마나 많은 돈이 사라지는지를 보여주었다. 당신은 대체 누구를 위해 일하는가? 이 점에 대해 생각해보기 바란다. 위험은 자신이 100% 감수하지만, 수익의 절반도 받지 못하고 있다. 정기적으로 뮤추얼펀드를 소유하는 경우 말 그대로 그 펀드의 70%를 다른 사람에게 기부하는 것이다. 하지만 위험은 100% 자신이 안고 있다. 이는 말도 안 되는 일이다.

Chapter 03

부유한 자와
가난한 자의 결정적 차이

로스쿨 재학 당시 나는 정규 교육과정을 밟지 않은 다양한 학생들을 법조계로 진출시키기 위한 로스쿨 학술연구센터에서 강의를 했다. 내가 주목한 것 중 하나는 왜 어떤 집단은 실패하고, 어떤 집단은 성공하는가였다. 그것은 출신의 문제가 아니었다. 성공은 권능의 부여에 관한 것이었다. 즉, 성공은 법조계에 진입할 권리를 박탈당한 사람들에게 권능을 부여하는 일에 달려 있었다. 그리고 이 프로그램은 수십 년 동안 놀라운 성공을 거두었다.

경제적 성공 비결은 내가 학술연구센터에서 발견해낸 사실을 반영하고 있다. 내가 살펴본 바로는, 어떤 집단은 무능한 정부가 다스리는 침체된 지역에 살면서도 대대로 성공을 거두었다. 그들은 인종적 편견과 박해, 경제적 고통 등 아무리 곤란한 환경에 처해도 끊임없이 빠져나오곤 했다. 한편 또 다른 집단은 성공의 기회를 부여받거나 최소한 성공한 집단과 같은 기회를 부여받아도 빈곤을 대물림하곤 했다. 그렇다면 두 집단 간의 차이점은 무엇일까?

이에 대한 대답은 다소 난해할 수 있다. 성공하려면 당면 과제를 탐색할 때 자원을 활용하기 위해 다른 사람들과의 협업을 고려해야 하기 때문이다. 즉, 성공한 사람은 어떠한 상황에 놓이든 그것을 레버리징할 방법을 찾는다. 어떤 연구를 하더라도 동일한 추세가 거듭 반복되고 결국 결론은 하나로 귀결된다. 그것은 자신을 개혁하려면 생각이나 신념을 분석해야 한다는 것이다.

**성공한 사람은 어떠한 상황에 놓이든
그것을 레버리징할 방법을 찾는다.**

결론은 사고방식과 능력에 대한 의식과 자긍심으로 귀결된다. 성공하지 못한 사람들이 반드시 자원이 부족한 것은 아니었다. 그보다는 자원이 부족하다는 사고방식을 가지고 있었다. 성공하지 못한 사람들은 실제로 자신의 운명을 창조할 수 있다고 믿지 않았다.

성공한 사람의 궁극적인 특성은 그들의 신념 체계에 나타난다. 이제부터 그것이 어떻게 작동하는지 설명하고자 한다.

통제력 면에서 부유한 자와 그렇지 못한 자 사이에는 상당한 사고방식의 차이가 있다. 통제력은 자기가 실제로 삶의 결과를 통제할 능력을 지니고 있다고 믿는 것이다.

외부의 통제력에 지배를 받는 사람들은 외부의 상황에 대응해 행동한다. 그들은 인생에서 어떤 일이 일어나든 그것은 자신이 통제할 수 없는 것이라는 사고방식을 지니고 있다.

반면 내적인 통제력을 가진 사람들은 그들의 삶이 자신의 태도와 능력의 결과라고 믿는 경향이 강하다. 그들은 자신의 경제적 성과를 운영하는 대리기관이 있다고 믿는다. 이는 강력한 자기 충족적 예언이 될 수 있다. 자기 자신을 통제할 수 없다고 믿는다면 성공하지 못할 가능성이 크다. 자기 통제력을 믿는 사람이야말로 성공할 가능성이 커진다.

경제적으로 성공한 사람들, 특히 여러 세대에 걸쳐 성공을 거둔 가문은 돈으로 성공하는 방법을 배우는 데 많은 시간을 할애했다. 그것이 당신이 지금 이 책을 읽고 있는 이유다. 이제 통제력에 어떤 차이가 있는지 구분할 수 있을 것이다. 당신이 돈을 통제할 수 있다는 것을 알았으면 한다. 다른 사람들이나 외부 환경이 당신을 지배하도록 내버려둘 필요는 없다.

부자가 될 거라는 믿음이 부자를 만든다

경제 관리는 신념 체계로 귀결된다. 이는 깨닫든 못 깨닫든 간에 난해하다. 우리가 어릴 적부터 돈에 대한 생각은 프로그램화되었기 때문이다. 어렸을 때부터 우리에게 프로그램화된 몇 가지 일반적인 믿음들을 살펴보자. 이 중에서 낯익은 것이 있는가?

- ▶ 돈이 나무에 열리지는 않는다.
- ▶ 돈이 돈을 벌어다 준다.
- ▶ 세상에는 가진 자와 못 가진 자 두 부류가 있다.
- ▶ 인생이라는 게임에는 반드시 승자와 패자가 있다.

이런 말들은 모두 거짓이며, 결핍 심리에서 비롯된다. 희소성의 반대말은 풍부함이다. 즉, 파이가 무한하게 커질 수 있다고 믿는 것이다. 이는 모든 사람에게 충분한 음식, 쉼터, 물, 훌륭한 집 등을 제공할 수 있다는 믿음이다.

희소성은 자원이 한정되어 있다고 믿는 것이다. 다른 누군가를 희생시켜야 필요한 자원을 얻을 수 있다는 믿음이다. 만약 당신이 음식을 먹는다면 다른 누군가는 배가 고플 거라는 믿음이다. 이는 두려움과 부정적인 것에 바탕을 두고 있다. 부를 가질 자원과 능력이 있음에도 사람들이 계속 가난한 것은 바로 이 때문이다. 이러한 부정적인 믿음은 어디에서 오는 것일까? 그 출처에는 부모, 친구, 학교, 직장 상사, 언론

등이 포함된다. 이들은 우리 주위에 있고, 우리는 그들을 쉽게 믿는다. 우리가 싸우지 않으면 그들은 우리의 신념 체계에 영향을 미칠 것이다.

다시 말하지만 귀결되는 것은 사고방식이다. 당신의 사고방식을 완전히 통제할 사람은 바로 당신 자신이다. "난 돈에 대한 통제력이 있어. 난 백만장자야. 나에겐 대리기관과 통제력이 있어."라고 말하는 모습은 당신 자신이 결정하는 것이다.

나에게는 엄청난 돈을 벌었다가, 그 돈을 잃었다가, 다시 돈을 번 친구들이 있다. 그들이 기사회생한 이유는 사고방식과 강한 내적 통제력 덕분이다. 이는 일종의 체온계라고 생각하면 된다. 도널드 트럼프 전 대통령이 그 예다. 그가 1년에 10만 달러를 벌면 행복할까? 그렇지 않다. 그는 돈을 수억 달러라는 관점에서 생각한다. 그의 체온계가 그렇게 높게 설정되어 있다. 그에 비해 어떤 사람들은 1,000달러를 더 버는 것만으로도 행복해한다. 체온계가 그렇게 낮게 설정되어 있다.

사고방식은 내적 과정이므로 통제할 수 있다. 일단 사고방식을 통제하면 신념도 통제할 수 있게 된다. 이 세상에는 기회가 많고 자신을 통제할 기회를 이용하는 것이 순전히 자신의 몫이라고 믿는다면 그 기회들이 나타날 것이다. 왜냐하면 그러한 기회들에 마음이 열려 있기 때문이다. 기회를 찾고 있다가 그것이 나타나면 바로 알아차릴 것이다.

예를 들어 당신이 혼다 파일럿을 구입하기로 했다고 가정해보자. 그 순간부터 당신은 파일럿이 사방에 널려 있음을 알아차리게 된다. 고속도로를 지나치는 다른 차들이 모두 혼다 파일럿처럼 보인다. 파일럿이 갑자기 다른 차보다 더 많이 팔린 것일까? 그렇지 않다. 이는 혼다 파일럿에 마음을 열어 뇌가 주변에서 일어나는 일에 선택적으로 신경을 쓰기 때문이다. 이 특별한 정신적 효과를 '바더-마인호프 현상'이라고 한다.

내가 어렸을 때 가족끼리 장거리 자동차 여행을 할 때면 우리는 '슬러그 버그Slug Bug'라는 게임을 하곤 했다. 도로에 폭스바겐 비틀이 보이면 먼저 본 사람이 나머지 사람들의 팔뚝을 때리는 게임이었다. 마음을 열고 뭔가를 주목하면 그 순간부터 사방에서 그것이 보이기 시작한다. 그렇지 않으면 팔뚝에 멍이 든 채 여행 목적지에 도착하게 될 것이다.

사고방식은 이러한 방식으로 작용한다. 이를 자신에게 유리하게 이용할 수 있다. 사고방식을 바꾸고 갑자기 "도로에 혼다 파일럿이 엄청 많구나."라고 말하기만 하면 된다. 그것이 이제 당신의 신념이다. 왜냐고? 당신의 사고방식이 혼다 파일럿을 찾기 시작할 것이기 때문이다.

당신의 경제 활동에서도 이 같은 방식이 작동할 수 있다. 만약 당신이 "경제적인 기회가 있다."고 말하고 이를 믿는다면 무엇이 보이기 시작할까? 당신은 도처에서 경제적인 기회를 포착하게 된다. 기회는 사방에 널려 있다. 당신에게는 원한다면 부자가 될 수 있는 모든 능력이 있다. 그 과정을 지금 당장 시작할 수 있다.

당신의 사고방식이 "난 할 수 있어. 다른 수입원을 구축할 수 있어. 일하지 않아도 되는 시점에 도달할 수 있어."라고 말하면 실제로 새로운 세계관을 갖고 이를 믿기 시작하게 된다. 일단 당신의 사고방식이

"이것이 기회다."라고 말하면 이는 당신의 신념에 영향을 미치고 행동을 통제하게 된다.

당신의 믿음이 사실임을 깨닫고 나면 당신의 행동은 바뀔 것이다. 경제적 기회가 있음을 깨달으면 이를 이용하고자 돈을 저축하기 시작할 것이다. 포트폴리오를 구축하면 조기 퇴직을 할 수 있고, 더는 일하지 않아도 된다고 믿게 되면 급여는 받고 있어도 자발적으로 일하는 사람이 된다. 당신의 행동은 매우 달라지고, 매우 헌신적으로 저축을 할 것이며, 수익성 높은 투자자가 될 것이다. 경제적으로 자유로워질 것이라고 믿기 때문에 항상 투자하게 될 것이다. 사고방식, 신념, 행동이 합쳐지면 바로 거기에서 이러한 결과가 나온다. 이는 당연한 일이다. 이런 일이 하룻밤 사이에 뚝딱 이루어지는 것은 아니다. 하지만 돈을 저축하고, 고부가가치의 소득을 창출하는 일에 투자한다면 어느 순간 경제적으로 자유로워진다는 것은 수학적으로 보장된다. 더 이상의 말이 필요 없다. 이는 확실한 수학이다.

돈을 저축하고, 고부가가치의 소득을 창출하는 일에 투자한다면
어느 순간 경제적으로 자유로워진다는 것은 수학적으로 보장된다.

"나는 나 자신을 통제한다. 내 믿음은, 그런 사고방식은 나에게서

나온다."라고 계속 자기 자신에게 말하라. "내 사고방식은 내 안에서 나온다. 내 믿음은 그러한 사고방식에서 비롯되고, 내 행동은 내 믿음에서 비롯된다."라고 계속 말하라. 내적 통제력에 집중해야 한다. "나에게는 돈으로 성공하는 방법을 배울 시간이 있다. 돈이 나를 통제하게 놔두지 않겠다."라고 계속 말하라. "내 돈은 나를 위해 일한다. 내가 다스린다."라고 반복해서 말하라.

내 인생도, 내 돈도 내가 관리하라

나의 개인적인 이야기를 해보겠다. 나는 2007년 말, 라스베이거스로 이사를 했다. 그때는 경기 침체가 막 시작되어 시장이 붕괴되기 직전이었다. 라스베이거스 시장은 특히 부동산 가치가 75%나 급락하면서 큰 타격을 입었다. 당시 나는 딸아이를 위한 좋은 학군을 찾으려고 여러 동네를 물색 중이었다. 이는 부모라면 당연히 하는 일이다. 좋은 학군을 찾는다는 것은 학교보다는 지역사회가 어떤지 보는 것이다. 당신이 홈스쿨링을 한다고 해도 중요한 것은 공동체이고, 당신이 교류하게 될 이웃이다.

나는 교육을 중시하는 공동체의 일원이 되고 싶었다. 문제는 당시 라스베이거스의 부동산 시세가 상상을 초월하는 수준이어서 집들이 엄청나게 비싸다는 것이었다. 나는 이 비싼 집 중 하나를 구매하고 싶지는 않았다.

집을 사려면 많은 돈을 모아두었어야 했다. 그런데 그 돈이면 마을 반대편에 있는 임대용 부동산에 투자해 수입을 창출할 수 있었다. 서민 근로자들이 주로 사는 동네가 몇 군데 있었다. 그곳이 내가 집을 사고 싶은 동네였다. 높은 수요와 낮은 진입 비용에 힘입어 그곳에서는 집들을 세를 놓을 수 있었다. 그래서 나는 임대료 수입을 창출해줄 수 있는 집을 몇 채 샀다. 그런 다음 원래 살고 싶었던 비싼 동네의 집을 사는 대신 가족이 주거할 집을 빌렸다.

부동산 투기를 목적으로 건축된 집의 매물은 많았지만 임대 시장이 이를 뒷받침하지 못했기 때문에 나는 비교적 저렴하게 집을 빌릴 수 있었다. 사람들이 집을 짓거나 사는 이유는 집값이 계속 치솟아 재산이 불어날 것이라는 희망 때문이다. 하지만 이러한 집들이 넘쳐났기 때문에 임대료가 저렴했던 것이다.

우리가 빌린 집은 집값이 어떻게 되었을까? 경기 침체로 인해 집값은 반토막이 났지만, 내가 내는 집세는 그대로였다. 그러면 내가 소유한 임대 주택에서 벌어들인 수입은 어떻게 되었을까? 불경기 내내 집세는 거의 같은 수준을 유지했다. 그래서 나는 임대용 부동산에서 나오는 수입으로 내가 사는 집의 집세를 충당할 수 있었다.

시장이 회복되자 나는 내가 빌린 집과 같은 금액이면 다른 집을 살수도 있었음을 깨달았다. 하지만 그것은 좋은 점도 있고 나쁜 점도 있었다. 나는 그다지 신경 쓰지 않았다. 나는 나의 한 달 집세가 얼마가 될지 알고 있었다. 나는 집세를 미리 할당해 나머지 범위 내에서 지출을 했다. 집을 사든 빌리든, 어느 쪽이든 괜찮았다. 집을 조금 다른 관점에서 보았기 때문에 상관이 없었다. 나는 집을 자산으로 보지 않는다. 부채로 보는 것이다.

나는 내가 가진 돈을 통제했다. 내 돈이 나를 통제하지는 않았다. 나는 (주택담보대출을 끼더라도) 집을 가져야만 성공할 수 있다는 통념을 믿지 않았다. 나는 내 집을 완전히 소유하고 싶다. 많은 주택담보대출 이자를 내고 싶지 않다. 그럴 돈으로 내가 지출해야 하는 돈보다 더 많은 돈을 벌어들이는 다른 일에 쓰고 싶다.

나는 나와 내 가족에게 좋은 지역에 있는 거주지를 제공해야 했다. 내가 그렇게 했을까? 그렇다. 내가 살던 동네의 이웃들은 좋았을까? 그렇다. 그러면 나도 이웃들처럼 경기 침체로 타격을 입었을까? 아니다. 나에게는 어떤 일이 있어도 같은 임대료를 내면서 내가 원하는 곳에서 살 수 있게 해주는 임대용 부동산이 있었다.

이 모든 것은 내부 통제력에 대한 사고방식으로 귀결된다. 그냥 자기 자신을 통제할 수 있다고 믿으면 된다. 나는 나 자신을 통제했다. 내가 다른 사람들의 말을 들었으면 집을 사서 엄청난 돈을 잃었을 것이다. 중요한 것은 사고방식이다.

아마 당신도 후퇴할 때가 있을 것이다. 대부분의 사람들은 다 그런다. 세상에는 그런 사람들이 가득하다. 파산 상태에서 회복된 사람들도 아주 많다. 월트 디즈니, 엘튼 존, 도널드 트럼프 같은 유명인사들도 그랬고, 이들 외에도 더 있다. 3M은 파산한 광산에서 시작되었다.

워런 버핏은 극심한 재정난에 처한 회사를 인수했고, 버크셔 해서웨이가 바로 여기에서 탄생했다.

부모들은 자신이 듣던 옛 격언을 자녀들에게 말하지 않아야 한다. 돈이 나무에서 열리지 않는다고? 아니다. 열린다. 과수원이나 목재소 주인에게 물어보라. 당신에게는 계획이 있어야 한다. 돈을 통제해야 한다. 그런 사고방식을 자녀에게 전해야 한다. 당신은 투자를 통제하고, 투자를 위해 돈을 저축해야 한다. 당신이 이를 관리해야 한다. 자기 인생이다. 당신이 무엇을 할지는 당신이 선택해야 한다.

만약 자녀가 10대일 때부터 이를 이해시킨다면 그들은 대부분의 다른 사람들보다 훨씬 앞서가게 될 것이다. 돈의 시간적 가치는 기하급수적으로 성장하기 때문이다. 어릴 때부터 더 많이 돈을 모을수록 은퇴할 때 경제적으로 더 성공할 가능성이 크다는 것은 산술적으로 당연한 계산이다.

당신의 신념이 행동을 변화시킬 것이다. 이제 통제력을 가지고 있음을 알기 때문이다. 또한 오랫동안 꾸준히 투자한다면 엄청난 결과를 얻을 것이다. 그러한 결과가 반드시 일어날 것임을 믿기 때문이다. 그것이 당신이 해야 할 일이다. 이제 본격적으로 시작해보자.

Chapter 04

순수입을
계산하는 방법

프랭크는 자신이 겪었던 인생 최악의 순간을 똑똑히 기억한다. 그 일은 아내가 그에게 55번째 생일 파티를 열어준 날 밤에 일어났다. 그의 가족은 다른 가족들처럼 나이가 0으로 끝나는 '큰' 생일이 아니라 '5'로 끝나는 생일에 조촐한 파티를 열곤 했다. 그의 집안에서는 이를 '한 푼짜리' 생일이라고 불렀다. 파티는 화려하지 않았다. 단지 친구와 가족 스무 명쯤이 모여 저녁 식사를 같이 하는 정도였다.

이날 저녁 파티에서 사람들은 이런저런 이야기를 나누다가 프랭크에게 물었다. "얼마나 더 일할 생각이야?" 그날 밤 프랭크는 잠을 이루지 못했다. '얼마나 더'라는 질문이 머릿속에서 끊임없이 맴돌았기 때문이다. 그는 늘 일할 여력이 있을 때까지 직장인 소프트웨어 회사에서 임원으로서 일할 것이라고 생각했다. 자신의 직업에 불만은 없었지만 그는 은퇴한 직장 동료들과 자신을 비교해보기 시작했다. 그들은 모두 여전히 바쁘게 지냈고, 먹고살 만한 돈도 충분히 있어 보였다.

잠이 싹 달아난 프랭크는 침대에서 나와 부엌 식탁에 앉아 노트북을 켜고 정확하게 언제 은퇴할 수 있을지 고민하기 시작했다. 그는 자신의 순자산이 얼마인지 알아야겠다고 생각했지만, 어떻게 해야 할지 몰라서 일단 두 개의 표를 만들었다.

먼저 왼쪽 표에 '자신의 급여, 아내의 급여, 주식계좌 잔고 등' 수입을 나열했다. 퇴직연금은? 이것이 자산일까? 주택담보대출금 3분의 2를 상환한 주택은? 물론 다 적어넣었다.

다음으로 오른쪽 표에는 부채를 열거했다. 놀랍게도 그는 자신이 얼마나 많은 빚을 지고 있는지 정확하게 알 수가 없었다. 그는 아내가 이직을 결심하고 석사학위를 따기로 한 시점을 기준으로 그 이후의 신용카드대출금, 주택담보대출금, 학자금대출금 잔액 등을 부채로 적어 넣었다.

오른쪽 표는 왼쪽 표보다 훨씬 목록이 길었다. 프랭크는 자신의 미래에 은퇴가 없는 이유를 곧바로 깨달았다. 빚을 갚으려면 계속 일하지 않을 수 없었다. 그는 자신이 통과해야 할 결승선이 점점 더 뒤로 멀어지는 느낌을 받았다.

우리는 지금까지 경제적 구속이 무엇이며, 그 의미가 무엇인지 배웠다. 또한 부유한 자와 가난한 자의 결정적 차이가 무엇인지도 배웠다. 이제 프랭크가 하려 했던 일을 우리도 본격적으로 시작해보자.

이 장에서는 순수입을 계산하는 방법을 소개하고자 한다. 금융 서비스에는 필수적인 규칙이 세 가지 있다. 첫 번째 규칙은 계산하는 것이다. 두 번째 규칙은 첫 번째 규칙과 아주 유사한 것으로, 계산하는 것이다. 그리고 세 번째 규칙은, 눈치챘겠지만 계산하는 것이다.

세금tax은 라틴어 '탁사래taxare'에서 유래했다. 이 단어는 어떤 것에 대한 심각한 반감의 표시나 비난을 의미한다. 내가 다닌 가톨릭계 학교에서는 수녀님들이 몇몇 수업을 담당했다. 수녀 선생님 중 한 분은 아주 엄격해서 말썽꾸러기 학생에게는 매를 들곤 했다.

누군가 게으름을 피우다가는 얻어맞기 일쑤였다. 반면 수업 태도가 좋거나 친구들에게 모범을 보인 학생은 칭찬으로 머리를 쓰다듬었다. 당신은 어느 쪽이 더 좋은가? 매질인가, 머리를 쓰다듬는 손길인가?

미국 국세청도 이와 다르지 않다. 이 기관은 특정 유형의 소득을 감시한다. 예를 들어 맥도날드에서 일해보면 공제되는 항목이 아주 많다는 것을 금방 알게 된다. 연방실업기금세FUTA, 주정부실업세SUTA, 노령연금, 상속세, 유족연금, 건강보험(메디케어), 연방원천징수, 주원천징수 등 종류도 다양하다. 손으로 직접 만져보기도 전에 여기저기서 돈을 조금씩 뜯어가는 것 같다.

학창 시절에 나는 맥도날드에서 일하면서 시간당 4달러를 벌었다. 주당 40시간을 일하면 160달러를 받게 될 것으로 생각했다. 하지만 막상 급여를 받고 보니 세금 원천징수, 근로세, 사회보장세, 기타 내가 알지 못하는 각종 수수료와 세금으로 인해 실수령액은 그보다 훨씬 적었다. 급여에서 돈이 다 빠져나가는 것을 보자 마치 '매'를 맞은 기분이 었다. 당신도 국세청에서 엄청나게 매를 맞고 있을 가능성이 있다.

이와 비교해서 미국의 부자들을 살펴보자. 그들은 구입했던 것보다 수십만 달러를 더 얹어서 부동산을 팔면서도 세금을 한 푼도 내지 않는다. 번 돈을 더 많은 부동산에 재투자하기 때문이다.

그들은 큰 이윤을 남기고 팔고 더 많은 부동산을 취득하면서도 세금을 전혀 내지 않는다. 또한 사망할 때에도 세금을 내지 않을 뿐만 아니라 그들의 상속인도 막대한 세금을 감면받는다. 그들은 매를 맞지 않는다. 국세청은 오히려 그들의 머리를 쓰다듬어준다.

희소식은 우리가 다양한 소득 유형을 추적하여 미국의 최고 부자들이 어디에서 돈을 버는지 알 수 있다는 것이다. 도대체 무슨 일이 일어난 것일까? 그들은 모든 소득에 대해 매를 맞고 있지 않다. 실제로 수입의 극히 일부에 대해서만 매를 맞는다. 그들의 수입은 대부분 국세청이 머리를 쓰다듬어주는 곳에서 나온다.

**다양한 소득 유형을 추적하여
미국의 최고 부자들이 어디에서 돈을 버는지 알 수 있다.**

결정은 당신의 몫이다. 매를 맞을 것인가? 머리를 쓰다듬는 손길을 받을 것인가? 머리를 쓰다듬는 손길을 택할 경우 이 책을 계속 읽으면 된다. 우리가 논의하고자 하는 투자 유형은 세금 우대를 받는 투자이며, 칭찬이 뒤따르는 것이기 때문이다. 매를 맞는 것이 좋다면, 이 책이 해줄 수 있는 일은 별로 없다. 하지만 국세청은 당신을 정말로 좋아할 것이다.

나의 자산관리사는 나 자신이어야 한다

$$2-3=5$$

이것이 맞는 계산인가? 물론 아니다. 당연히 틀린 계산이다. 문제는, 당신이 거래하는 금융중개사가 당신에게 이 같은 계산을 사용한다는 것이다.

내 고객 중에는 당시 설립 초기였던 마이크로소프트MS에 다니는 직원이 한 명 있었다. 그녀는 자기 생활을 영위하고 자선활동까지 할 수 있을 정도로 여유 자금이 있었다. 자선활동은 그녀가 평생 꿈꿔온 일이었다.

어느 날 그녀가 나에게 전화를 걸어 울기 시작했다. 자신의 자산관리사 때문에 은퇴가 어려워졌다는 이야기였다. 그녀의 꿈은 갑자기

산산조각이 났고, 하루하루 살아갈 날이 걱정되었다. 심지어 생활비를 충당할 돈도 빠듯해졌다. 자산관리사가 '2-3=5'가 맞다고 설득하며 그녀를 끔찍한 투자로 이끌었기 때문이다.

자신의 자산은 자신이 직접 관리해야 한다. 우리는 숫자에 익숙하다. 하지만 증권사나 다른 사람들은 우리에게 비밀 언어를 사용하려고 한다. 그러므로 자신이 직접 자산 내역을 정의할 수 있어야 한다. 그들은 우리에게 혼동과 혼란을 준다. 만약 누군가 투자로 돈을 벌 수 있다고 말한다면 차라리 은행에 저축하는 것이 낫다.

당신의 은행 계좌에서 잔고가 줄어들고 있다면 '2-3=-1'이 적용된 것이다. 2에서 3을 빼면 5가 될 수 없다. 자산관리사가 잘못된 계산을 제시할 때 그것을 간파하려면 자신의 자산은 자기가 계산하고 있어야 한다.

금융 용어를 잘 알아야 손해 안 본다

자산을 계산하려면 기본적인 금융 용어부터 명확하게 이해해야 한다. 먼저 '소득'이라는 단어부터 시작해보자. 이 용어는 듣는 순간 의미가 정확하게 이해된다. 즉, 들어오는 돈이다. 다음은 '경비'다. 이는 밖으로 나가는 돈이다. "보유한 주식이 올라서 소득이 생겼다."는 말은 듣고 싶지 않다. 이러한 개념의 문제는 아무것도 팔지 않았다는 것이다. 이는 소득이 아니다. 주주에게 지불된 돈이 1원도 없기 때문이다. 팔아서 현금화한 돈을 통장에 넣기 전까지는 소득이라고 할 수 없다.

소득을 창출해야 자산이라고 말할 수 있다. 하지만 은행 직원은 가치를 매길 수 있으면 무조건 자산이라고 말할 것이다. 그러한 맥락에서 레저용 차량, 승용차, 집도 모두 자산이라고 주장할 것이다. 하지만 이러한 것들은 자신이 아니다. 단지 큰 부채(빚)일 뿐이다. 무한 투자의 법칙 세계에서는 당신에게 돈으로 지불되는 것만 자산이라고 규정한다. 부채는 당신에게서 돈을 빼앗아가는 것이다.

직접 계산해보면 부채가 무엇인지 알 수 있다. 매달, 매분기, 매년 당신의 계좌에서 돈을 인출하는 것이 부채다. 계좌에 돈을 입금해주는 것은 부채가 아니다. 계좌에서 늘어나는 것이 아니라면 자산이 아니다. 그것은 부채다. 은행 직원이나 자산관리사가 뭐라고 부르든 상관없다.

원금은 기본금, 즉 처음에 투자한 돈을 말한다. 어딘가에 투자하는 돈이 10만 달러라고 한다면 그것이 바로 원금이다. 돈을 빌리거나 대출받는다면 이 돈의 처음 액면가가 원금이다. 이자는 돈을 빌리는 대가로 지불해야 하는 돈이다. 반대로 남에게 빌려준 돈에 대한 대가를 받는다면 그것은 칭찬받기(수입)에 해당하는 것이다. 또한 특정 유형의 세금 납부 대상이 아닌 것도 있다. 이 역시 머리 쓰다듬는 손길(수입)을 받는 것이다. 이는 당신이 이자를 받는 사람이라는 의미다. 다른 사람에게 이자를 주면서 매를 맞고 싶지는 않을 것이다.

여기서 알아야 할 두 종류의 이자가 있다. 먼저 단리가 있다. 이는 매년 원금을 기준으로 정해진 금액을 납부해야 하는 이자다. 만약 10만 달러를 4% 금리로 빌린다면 연간 4,000달러를 이자로 내야 한다. 만약 4,000달러의 이자를 납부하지 않는다면 다음 해에는 빚이 10만 8,000달러로 불어난다. 10만 4,000달러에 대한 4%를 지불하는 것이 아니라 원금 10만 달러에 대해서만 4%의 이자를 내면 된다. 단리는 이렇게 작동한다. 투자를 통해 단리를 얻는 경우에도 동일한 규칙이 적용된다. 매년 원금을 기준으로 정해진 금액을 지급받는 것이다. 만약 10만 달러를 4%의 금리로 투자한다면 당신은 매년 4,000달러의 이자를 수입으로 벌게 된다.

투자자들이 부를 축적하게 되는 이유 중 하나는 복리 때문이다. 10만 달러에 대해 이자를 복리로 지불한다면 원금과 벌어들인 이자의 총합에 대해 이자를 내고 있다는 뜻이다. 연간 4%에 10만 달러를 투자하면 첫해에 4,000달러의 이자를 얻게 된다. 하지만 2년 차에는 10만 달러가 아니라 10만 4,000달러에 대한 이자인 4,160달러를 받게 된다. 큰 차이가 아닌 것 같지만, 시간이 지날수록 이자는 눈덩이처럼 불어난다.

단리와 복리의 차이를 비교해보자. 두 경우 모두 10만 달러를 투자했을 때 25년간의 단리에 대한 회수가 끝나면 초기 투자액의 두 배인 20만 달러가 생긴다. 이것도 나쁘지 않다. 그런데 같은 금리로 같은 금액을 복리로 회수한다면 25년 후 초기 투자금은 26만 6,584달러로 불어나 있을 것이다.

복리도 불리하게 작용할 수는 있다. 카드 빚이 있으면 매달 잔액에 대해 복리로 이자를 내게 된다. 미연방준비제도의 2019년 4분기 자료에 따르면, 신용카드 대출의 평균 금리는 14.87%였다. 실제로 2019년의 금리는 1995년 5월 이후 가장 높았다.[2] 이는 단지 평균 금리에 불과했다. 최고 금리는 25% 이상까지 상승했다. 체납된 이자를 더한 총금액에 대한 복리가 어떻게 위기가 될 수 있는지 잘 알 수 있다.

결혼 생활이 파탄에 이르는 주요 원인 중 하나는 경제적인 어려움 때문이다. 신용카드 빚도 마찬가지다. 복리가 계속 불어나면 절대로 갚지 못한다. 사람들이 도로에 난 거대한 싱크홀에 주의하고, 신용카드 빚도 피할 수 있다고 생각하겠지만 사실은 그렇지 못하다. 〈월스트리트저널〉은 2019년 말, 카드 빚이 사상 최대치를 기록했다고 보도했다.[3] 신용카드 대금 장기 연체자의 수도 증가했다. 특히 젊은 연체자가 많았다.

아인슈타인은 말했다. "복리는 세계 8대 불가사의 중 하나다. 이를 이해하는 자는 그것을 받고, 이를 이해하지 못하는 자는 그것을 낸다." 복리를 내지 않고 그것을 받으려면 어떻게 해야 할까?

투자 중에는 복리가 계속 붙는 것이 있다. 복리는 그 투자의 가치와 경제 상황에 따라 계속 늘어난다. 주식 배당금이 여기에 해당한다. 이

---

2) G.19 소비자 신용, 미연방준비제도 게시판, 2020. 8. 7.
3) 미국 신용카드 빚 9,300억 달러로 급증, 유카 하야시, 〈월스트리트저널〉, 2020. 2. 12.

는 매년 증가한다. 점점 더 커지는 돈이다. 매년 복리로 불어나기 때문에 소액으로 매수한 3~4%의 배당금을 주던 회사가 앞으로 30년 후면 당신에게 매수 원금의 100%를 매년 배당금으로 준다.

복리라서 당신의 돈은 시간이 갈수록 기하급수적으로 불어난다. 처음 몇 년 동안은 늘어나는 폭이 그다지 크지 않을 수도 있다. 하지만 오래 묻어둘수록 돈은 점점 더 크게 불어나고, 이후 점점 더 미친 듯이 커지기 시작한다. 돈이란 쓸수록 눈덩이처럼 불어나는 것이기 때문이다. 당신이 그 돈을 받는다면 당신의 이익도 눈덩이처럼 불어난다. 복리로 돈을 내는 것은 싫겠지만, 복리로 돈을 버는 것은 당연히 원할 것이다.

순익은 수입에서 비용을 빼고 남은 것이다. 한 달에 1만 달러를 벌고 7,000달러를 쓴다고 가정해보자. 그러면 순익은 1만 달러에서 7,000달러를 뺀 3,000달러다. 순익은 당신에게 순수하게 남는 돈이다.

손익계산서를 더 잘 이해하기 위해 수입에 대해 좀 더 구체적으로 알아보기로 하자. 미국 국세청에 따르면 수입의 종류는 다음의 여덟 가지다.

- ▶ **임금:** 회사에서 일하고 받는 돈
- ▶ **수익:** 사업 활동으로 버는 돈
- ▶ **임대료:** 다른 사람에게 자신의 자산을 사용하게 빌려주고 받는 돈(부동산 임대료가 여기 해당한다.)
- ▶ **저작권료:** 지식 재산에서 나오는 돈(사실 책을 쓰거나, 음악을 작곡하거나, 소

프트웨어를 개발한 사람이 아니라면 저작료로 수입이 생기는 사람은 거의 없다.)

► **배당금**: 기업이 이익을 창출해 회사 내에 누적해온 순익 중 일부를 주주에게 분배하는 돈(미국에서는 실제로 배당금에 대해 내는 배당소득세가 다른 소득세 규모의 절반 정도다.)

► **이자(금리)**: 자금을 빌려주는 대가로 원금의 액수와 사용 기간에 비례해 받는 돈(만약 누군가에게 돈을 빌려주고 매달 원금에 비례해 합의된 돈을 받는다면 약간의 이자 소득이 생기는 것이다.)

► **단기양도소득(STCG)**: 가치 있는 자산을 구입한 지 1년 내에 팔아서 발생하는 소득(대표적인 것은 부동산으로, 집을 구매한 후 1년 안에 팔면 단기양도소득이 생긴다.)

► **장기양도소득(LTCG)**: 가치 있는 자산을 구입한 지 1년 후에 팔아서 발생하는 소득(집을 사서 1년 이상 보유한 후 팔면 장기양도소득이 생긴다.)

수입원의 세 종류

미국 국세청은 모든 수입원을 같은 종류로 보지 않는다. 이는 무한 수입 창출 구조를 구축하는 데 대단히 중요한 요소다. 이 책에서는 이 수입원을 세 종류로 분류한다.

나쁜 수입원: 임금은 국세청의 가장 만만한 과세 대상이다. 맥도날드에서 일하며 1년에 3만 달러를 번다면 최소한 네 번의 세금을 두들겨

맞는다. 노령연금, 유족연금, 장애연금으로 떼어가는 돈이 약 14.1%다. 맥도날드가 이 가운데 50%를 내주고, 나머지는 개인이 낸다. 건강보험의 경우 맥도날드가 절반을 내주고 개인이 나머지 2.9%를 낸다. 개인이 전부 내야 하는 세금도 있다. 연방실업보험, 주실업보험, 근로세, 근로세, 산업세 등이다. 이 모든 세금은 급여를 수령하기 전에 원천징수된다. 이 밖에도 연방소득세와 주소득세 역시 원천징수의 대상이다. 이는 일주일에 400달러를 번다면 실제로 가져가는 돈은 330달러 혹은 그보다 더 적을 수 있다는 의미다.

국세청의 관점에서 볼 때 또 다른 세금 부과 대상은 자영업자들의 소득이다. 만약 당신이 유일한 소유주로서 자신의 사업체를 운영하고 있다면 국세청의 매질이 시작된다. 첫째, 당신은 더 많은 세무조사를 받게 된다. 둘째, 당신은 받을 자격이 있는 모든 세제 혜택을 받지 못한다. 셋째, 세금 면에서 불이익을 받기 때문에 자금 계획을 세울 수가 없다. 그리고 넷째, 당신이 버는 모든 돈은 자영업자 소득세의 적용을 받는다. 당신은 완전한 매질의 대상이다.

조금 나은 수입원: 임대료, 저작권료, 이자 소득 등은 비교적 괜찮다. 또한 사회보장세나 건강보험료는 납부하지 않아도 된다. 하지만 저작권료, 이자 소득, 단기양도소득은 일반 과세 등급 대상이다. 그래서 괜찮기는 하지만, 아주 좋은 수입원은 아니다. 여전히 세금 비용을 부담해야 하기 때문이다. 큰 세금은 피할 수 있지만, 여전히 약간의 세금

은 내야 하는 것이다. 최고의 세율이 적용되는 것은 아니다. 그렇다면 세금이라는 관점에서 볼 때 가장 좋은 수입원은 무엇일까?

무한 수입원: 최고의 수입원은 부동산이다. 나는 부동산에 대해 절대로 세금을 낼 가능성이 없고, 내 가족도 세금을 내지 않을 것이다. 나는 부동산을 소유할 수도 있고, 부동산 자산 규모를 1달러에서 1,000만 달러로 키울 수도 있다. 그렇지만 세금은 한 푼도 내지 않을 것이다. 세금이 '제로'인 것이다.

맥도날드에서 일하는 사람은 일주일에 400달러를 벌면서 나보다 더 많은 세금을 냈다. 반면에 나는 부동산 매매로 1,000만 달러를 벌었다. 그것이 부동산의 매력이다. 국세청은 우리가 어디에 투자해야 할지를 알려준다.[미국은 부동산 취득세가 없고 거래 비용만 1% 미만이며, 보유세는 실거래가의 1~2%가 재산세로 과세(주마다 다름)되며 종합부동산세는 없다. 또한 양도세는 연방소득세(10~37%)와 별도로 주소득세(5~10%, 주마다 다르고 없는 경우도 있음)가 있고, 2년 이상 보유 및 거주할 경우 개인은 최대 25만 달러, 기혼인 경우 최대 50만 달러까지 세금이 면제된다. - 옮긴이 주]

주식 배당금은 어떨까? 이는 개인의 과세 등급에 따라 0%, 15% 또는 20%가 장기양도소득세로 과세된다. 연방정부가 정한 37%인 최고 과세 등급 대상자라면 주식 배당금에 대한 연방정부의 최고 과세는 20%다. 0%인 최저 과세 등급에 속한다면 주식 배당금에 대해서는

0%의 세금이 부과된다. 자본자산 장기 매각에 대해서도 마찬가지 방식으로 과세된다.

자본자산 장기 매각에 대한 연방정부의 최대 소득세는 시세차익에 대해 20%다. 당신이 개인 납세자로서 같은 액수의 돈을 벌었지만, 그것이 자본자산의 장기 매각에 따른 소득이 아니라면 37%에서 시작해 그 이상의 노령연금, 유족연금, 장애연금 그리고 건강보험과 기타 적용되는 주세금, 실업보험, 근로세, 산업세 그리고 기타 세금을 내야 한다. 급여와 자본자산 장기 매각은 모두 과세 대상이다. 하지만 자본자산 매각에는 세금이 절반만 부과된다. 때로는 절반이 안 될 수도 있다.

돈 벌어주는 자산 만들기

모노폴리 게임을 할 때면 나는 절대로 땅을 팔지 않는다. 자산을 팔고 싶지 않기 때문이다. 모노폴리 게임을 해본 적이 있는가? 처음 이 게임을 시작할 때 당신의 말이 아직 남들이 사지 않은 땅에 도착하면 어떻게 하는가? 살 수 있는 땅은 무조건 살 것이다. 그러면 자산이 쌓인다. 그 땅을 다음 차례에 다른 사람에게 현금을 받고 팔면 어떻게 될까? 그러면 결국 게임에서 진다. 현금을 받고 땅을 팔지 않아야 게임에서 이긴다. 자산을 계속 불려야 게임에서 이기는 것이다. 호텔을 짓는 것과 같이 다른 부동산을 더 확장하기 위해서라면 그때는 전략적으로 뭔가를 팔아도 된다.

자본자산을 팔아 현금으로 바꾸는 것은 무한한 부를 구축하는 것이 아니다. 수입을 만들어내지 못하는 현금은 자산이라고 할 수 없다. 돈이 예금 계좌에서 잠자고 있다면 결코 수입을 만들어낼 수 없다. 물론 인플레이션(물가) 문제도 있기는 하지만, 그 문제는 여기서는 일단 접어두기로 하자.

자산을 매각해 현금으로 만들면 그 자산이나 그 자산의 현금 흐름은 더 이상 당신의 소유가 아니다. 당신이 해야 할 일은 돈을 벌어다 주는 자산을 모으는 일이라는 것을 명심해야 한다. 그것이 무한 수입원이다. 그러면 다른 수입원은 무엇일까? 나는 그것들을 '바구니 나르기carrying buckets'라고 부른다. 이는 내가 읽은 금융 관련 우화에서 발견한 표현이다. 그 책은 어떤 재무설계사가 쓴 것으로 보이는데, 굉장히 강력한 방법으로 요점을 명확하게 짚어내고 있다.

당신이 해야 할 일은 돈을 벌어다 주는
자산을 모으는 일이라는 것을 명심해야 한다.

아주 먼 옛날, 브루노와 파블로라는 두 남자가 있었다. 이들은 물이 부족한 이탈리아의 한 작은 마을에 살았다. 마을 한복판에는 커다란 수조가 하나 있었는데, 모든 마을 사람들이 조금씩 돈을 내서 물을 가득 채운 상태로 관리했다.

하루는 이 마을의 이장이 마을 사람들에게 마을에서 약 3.2km 떨어져 있는 샘터에서 물을 길어 수조에 채우자고 제안했다. 브루노와 파블로가 그 제안을 받아들여 물 한 통을 길어올 때마다 동전 한 닢을 받게 되는 그 일을 따냈다.(당시에는 제법 큰돈이었다.)

그들은 샘터에서 양동이로 물을 길어 나르기 시작했다. 하루에 스무 양동이 정도는 가능해 보였다. 물을 가득 채운 무거운 양동이를 나르는 것은 매우 고된 일이었지만, 그들은 많은 돈을 벌었다. 실제로 그 마을 기준으로는 부자가 되었다.

어느 날 브루노가 파블로에게 말했다. "나는 이제 인생을 즐겨야겠어. 먹고 마시면서 재밌게 살 작정이야." 당시에는 차가 없었기 때문에 그는 멋진 당나귀를 한 마리 사서 친구들 앞에서 으스댔다.

파블로가 어느 날 브루노에게 다가가 말했다 "우리 수로를 파면 어떨까? 수로에 파이프를 심으면 샘물이 계속해서 수조 안으로 들어가게 될 거야. 그러면 굳이 무거운 양동이를 들고 다닐 필요가 없잖아." 그러자 브루노가 말했다. "난 싫어. 우린 지금 일을 잘하고 있고, 엄청난 돈도 벌고 있어. 그런데 왜 굳이 그걸 바꿔야 해?" 그들은 계속 양동이로 물을 길어 날랐다.

파블로는 돈을 버는 족족 샘터와 수조 사이에 사는 농부들에게서 작은 땅을 사들였다. 그리고 매일 밤 물을 길어 나르는 일이 끝나면 밖으로 나가 수로를 팠다. 그는 천천히, 그러나 꾸준히 계속 수로를 팠다.

1년 후 수로는 약 50%가 완성되었고, 파블로는 그 중간 지점까지 파이프를 설치했다. 그러자 갑자기 그는 물 양동이를 나르기 위해 멀리 걸어 다닐 필요가 없어졌다. 그는 양동이를 운반하는 데 걸리는 시간을 단축할 수 있었고, 생산성도 두 배로 높아졌다. 마침내 파블로는 샘터까지 연결되는 파이프라인을 완성했다.

그렇다면 브루노의 돈은 어떻게 되었을까? 이제 마을에서는 더 이상 브루노에게 양동이로 물을 나르는 일을 요청할 필요가 없어졌다. 물은 수조로 완벽하게 흘러 들어갔고, 파블로는 파이프라인을 소유했다. 그는 양동이를 들고 다니지 않고도 믿을 수 있는 수입원을 보유하게 됐다.

만약 파블로가 파이프라인을 판다면 어떻게 될까? 그러면 그는 한 번에 엄청난 돈을 벌게 될 것이다. 하지만 파블로는 파이프라인을 팔고 싶지 않다는 입장이 분명했다. 그는 시간과 노력을 들여 수로를 파왔고, 그 결과 물이 계속 흘러 들어오고 있으며, 수입도 그 물을 따라 흘러 들어오고 있다. 파이프라인을 건설한 결과, 이제 하지 않아도 되는 일은 무엇일까? 물 양동이를 나르지 않아도 된다.

당신은 이렇게 말할 수도 있다. "나는 양동이를 들고 다니는 것이 좋아요. 그러면 몸도 건강해지고, 외출도 할 수 있고, 마을 사람들도 나에게 감사할 것 아니겠어요?" 이 말은 당신의 실제 일에 어떻게 적용될까? 당신은 뭐든 자신이 좋아하는 일을 하는 사람일 수 있다. 나도 이해한다. 나도 내 직업을 좋아한다. 나는 가르치는 일을 좋아하기 때문에 설령 무한한 수입이 계속 들어오더라도 그 일을 계속할 것이다. 무한한 수입은 내가 진정으로 하고 싶은 것을 할 수 있게 해준다.

부자들이 돈 버는 방식

이제 부자들이 어떻게 행동하는지 알아보자. 가장 좋은 일은 국세청이 매년 발표하는 '국세청 데이터북'을 살펴보는 것이다. 누구나 접근할 수 있는 정보가 담겨 있기 때문이다.[4] 연간 100만 달러 이상을 버는 사람들의 경우 수입의 36%가 무한 수입원(자본 이득 17%, 임대료·로열티·배당금·이자 47%)에서 나온다는 것을 알 수 있다. 이는 소극적인 투자에서 나오는 수입이다.

그렇다면 부자들이 하지 않는 일은 무엇일까? 그것은 수입을 창출하는 자산을 매도하는 일이다. 이는 그들의 수입에서는 극히 작은 부분이다. 그렇다면 그들은 대체 어디에서 가장 많은 돈을 벌고 있을까? 그것은 바로 무한 수입원이다. 수입의 3분의 1 이상은 직업에서 나온다. 그들은 여전히 일을 통해 돈을 벌고 있지만, 그것이 가장 큰 수입원은 아니다. 그들이 버는 대부분의 돈은 무한 수입원에서 나온다.

그들은 여전히 급여를 받으며 직장에 다니지만 이는 어떤 특정한 이유 때문인 경우가 많다. 특정한 대출을 받을 자격을 얻고 싶거나 세

---

[4] SOI 세금 통계-IRS 데이터북, 2020. 6. 30.

금 유예 계획 때문일 수도 있다. 아직도 급여 수입을 원하는 사람들이 있는 데에는 많은 이유가 있다. 때로는 자기 사업체이지만 급여를 받아야 하는 경우도 있다. 하지만 급여가 그들의 수입에서 차지하는 비중은 적다. 이 모든 것은 사고방식으로 귀결된다. 일단 이것이 자신에게도 가능하다고 믿게 되면 그것이 어떻게 작동하는지 이해하게 되고, 데이터를 보면 그 효과에 대한 반론을 제기하기가 어렵다.

몇 가지 통계를 더 살펴보자.

- 연간 수입이 100만 달러를 초과하는 사람의 경우
  ▶ 65%는 최소한 세 개의 수입원이 있다.
  ▶ 45%는 네 개의 수입원에서 수입을 올린다.
  ▶ 29%는 다섯 개 이상의 수입원을 보유하고 있다.

부자 중 3분의 2는 최소한 이러한 수입원을 가지고 있다. 당신은 부자가 되고 싶은가? 그러면 최소한 세 개의 수입원이 있어야 한다. 이러한 수입원을 구축하기 시작해야 한다. 임대료, 저작권료, 주식 배당금, 이자, 장단기 자본 이득 등은 모두 당신의 직장이 아니라 자산에서 나오는 수입이다. 다시 말해 돈을 위해 시간을 바칠 필요가 없다. 자산이 돈을 벌어주기 때문이다. 그런 유형의 수입원은 당신의 노동을 요구하지 않는다. 파이프라인을 통해 들어오는 돈이기 때문에 물양동이를 들고 다닐 필요가 없다. 당신은 언제든 직업을 가질 수 있지만, 이는 당신이 좋아해서 하는 일이다. 당신이 무엇을 하든 너무 잘해서 결국 컨설턴트가 될 수도 있다.

나는 컨설턴트 브라이언 트레이시에 관한 이야기를 가장 좋아한다. 어느 에너지 공장에 문제가 생겼는데, 공장의 엔지니어들 손으로는 해결이 안 되었다. 브라이언은 업계에서 알아주는 해결사였다. 문제 해결을 의뢰받은 그는 말했다. "보수는 1만 달러입니다. 내일 방문하도록 하겠습니다."

다음 날 공장을 방문한 브라이언은 한 사무실로 들어가서 모니터와 관련 서류들을 한참 들여다보며 시간을 보냈다. 그는 고장이 난 장비를 한번 시험 가동해본 후 "퓨즈를 교체하면 문제가 해결될 겁니다." 라고 말했다. 그리고 그는 돌아갔다. 그가 공장에 머문 시간은 30분 정도였다.

그가 1만 달러가 적힌 청구서를 보내자 공장장은 말했다. "이건 너무 과합니다. 당신은 고작 30분밖에 일하지 않았는데, 우리가 왜 1만 달러나 내야 하나요?" 그러자 브라이언은 대답했다. "알겠습니다. 제가 일한 시간에는 돈을 내지 않으셔도 됩니다." 그리고 그는 이렇게 수정한 청구서를 내밀었다. '일한 시간 0시간. 문제가 있는 곳을 알아낸 가격 1만 달러.'

이 이야기가 주는 교훈은, 브라이언이 아주 전문적인 지식을 가진 사람이라는 것이다. 때로는 특정한 지식을 가지고 있다는 이유만으로 많은 돈을 받는 사람이 있다. 이는 수입의 36%를 차지한다. 이는 맥도날드의 시급과는 완전히 다르다. 이는 맥도날드의 컨설턴트가 되는 법을 알아내 전문적인 지식에 대해 그들이 많은 돈을 내도록 만드는 일이다.

무한 투자를 시작하기 위한 계산법

나는 무한 투자 계산기를 개발했는데(https://infinityinvesting.com/infinity-calculator/), 지금 이 계산기를 사용하고 있지 않은 사람들을 위해 무한 투자를 위한 기본적인 계산 방식을 설명하도록 하겠다.

월수입 합계: 먼저 총수입원을 합산한다. 배우자나 파트너가 있는 경우 그(그녀)의 수입 금액도 합산한다. 총수입은 아래 목록에 포함된 모든 수입원과 그 외 당신이 가지고 있는 다른 모든 수입원을 포함해야 한다.

- **급여**
- **팁**
- **수수료**
- **상여금**
- **이자**
- **주식 배당금**
- **사업 순익**
- **부동산 임대료 순익**

- 이혼 위자료

- 은퇴연금

- 국민연금

- 군인연금

- 실업급여

- 저작권료

- 기타 수입

월수입 합계 _____

총수입 목록을 작성할 때 고려해야 할 몇 가지 사항이 있다. 자신의 수입으로 귀속되는 사업체가 있는 경우 해당 정보를 포함해야 한다. 또한 임대료 수익으로 인한 순익도 포함해야 한다. 임대 수익을 왜 순익으로 볼까? 계좌에 실제로 들어오는 돈을 기준으로 하기 때문이다. 월세가 1,000달러인데 재산관리인이 이 중에서 10%를 가져가고 수리비와 기타 나가는 비용이 있다면 500달러만 순익이다. 이를 월 단위로 계산한다는 것을 기억해야 한다. 분기별로 수입이 있다면 3으로 나눈다. 매년 받는 것이 있다면 12로 나눈다.

월지출 합계: 앞서 필요한 것과 원하는 것의 차이를 설명했다. 일단 원하는 대로 지출한다고 가정할 것이다. 비용을 계산할 때면 많은 사람

들이 돈에 들어가는 비용 중 일부를 간과하는 경향이 있다. 더 정확해

질수록 더 좋다는 것을 기억해야 한다. 아무리 작아 보일지라도 모든

비용을 포함해야 한다는 점도 명심해야 한다.

- 임대료

- 주택담보대출

- 설비 비용

- 임대인/임차인 보험료

- 주택 수리비

- 부동산세

- 케이블 TV / 인터넷 사용료

- 스트리밍 TV 사용료

- **통신료**

- **자동차 유지비**

- **자동차 보험료**

- **가스비**

- **교통비**(기차, 버스, 카풀, 기타 교통수단)

- 식료품/음식 비용

- 신용카드 이용료

- 할부료

- 위자료

- 자녀 양육비
- 자녀 보육비
- 기부금/헌금
- 병원비
- 치과 비용
- 처방비
- 생명보험료
- 노인장기요양보험
- 대인관계 유지비
- 오락/유흥비
- 헬스 비용
- 취미 비용
- 휴가/여행비
- 드라이크리닝/세탁비
- 휴일/생일/선물 구입비
- 기타 비용

월지출 합계 _____

이 계산 방식은 버려야 할 지출 항목이 무엇인지 파악하는 데 도움을 줄 것이다. 어떤 필요 없는 것을 버릴 수 있을까? 케이블 TV 요금을 뺄 수 있을까? 영화관이나 클럽에 가는 것을 그만둘 수 있을까? 그러한 비용을 빼고 싶지 않을 수도 있다. 하지만 만약 곤경에 처한다면 그런 것들 없이도 지낼 수 있지 않을까? 그것들은 정말로 필요하지 않은데 지속적으로 나가는 비용 아닐까? 그중 일부는 돈을 내고 있다는 사실도 잊고 지내는 것 아닐까? 당신의 지출 목록에서 빼야 할 항목 옆에 별표를 해보자. 그럼 월지출에서 쓸데없는 항목들을 뺄 수 있다. 원하는 것에서 불필요한 것을 빼면 필요한 것이 나온다.

이 계산이 중요한 이유는 당신이 원할 때 할 수 있는 일이 무엇인지 보여주기 때문이다. 잠시 원하는 것이 아니라 필요한 것에만 지출을 한다면 무한 투자의 법칙에 투자할 돈은 빠르게 늘어날 것이며, 결국 불가능하다고 생각했던 장기적인 삶을 살게 될 수도 있다. 하지만 지금은 손익계산서를 작성 중이므로 수입에서 지출을 공제해보자.

월수입 합계 – 월지출 합계 = 순수입

순수입: 한 달에 7,500달러를 버는 존스 부부의 예를 들어보자. 그들이 원하는 것에 들어가는 비용은 6,500달러다. 따라서 순수입은 1,000달러다. 7,500달러에서 6,500달러를 빼면 1,000달러다. 이것이 그들의 순수입이다. 존스 부부는 원하는 것의 항목을 검토하고 이를 수정하면 비교적 고통 없이 월지출에서 불필요한 1,000달러를 추가로 삭감할 수 있다는 것을 깨달았다. 그렇게 함으로써 존스 부부는 순수입을

두 배인 2,000달러로 늘렸다.

순수입을 계산하려면 지금 종이 위에 연필로 써보면 된다. 목표를 세우기 위해서는 이 단계를 거치는 것이 중요하다. 이는 살을 빼는 것과 같다. 자신의 현재 몸무게와 달성하고자 하는 몸무게를 알아야 한다. 계량화할 수 있는 목표를 설정해야 한다. 또한 양수(+)가 나오기를 바라야 한다. 음수(-)가 나오면 할 일이 생긴다. 양수라면 아직 희망이 있다.

무한 투자 계획을 시작해보자. 단 10달러라도 정기적으로 투자하는 규칙을 정하는 것이 좋다. 지출 항목에서 지방을 소비하는 대신 같은 금액을 투자에 활용하라. 무한 투자를 주도하는 집단에는 20대 초반이 많다. 그들은 소극적인 투자를 통해 들어오는 돈이 지출하는 돈보다 더 많다. 두 가지 방법이 있다. 투자로 들어오는 수입을 늘리거나, 지출을 줄이거나, 아니면 둘 다 해야 한다.

이 집단의 한 젊은 남성과 그의 아내는 매우 검소하게 살아서 지출에서 손볼 일이 그리 많지 않았다. 그래도 그들은 비용을 절감했고, 그것을 투자로 돌릴 수 있었다. 그렇게 하지 않았다면 투자는 불가능했을 것이다.

그들은 언론이나 다른 사람들이 '더 나은' 투자라고 말하는 것들을 가능한 무시했다. 그들은 다음과 같이 말했다. "이렇게 함으로써 우리는 더 이상 일할 필요가 없게 되었습니다. 우리는 지금 자원봉사를 하고 있어요. 다시는 필요한 것을 걱정하지 않아도 됩니다. 저희에게는 충분한 돈이 들어오고 있어요. 집, 음식과 쉼터 그리고 기본적인 생활 필수품들이 있지요."

그들은 자신들이 돈을 통제할 수 있다는 사고방식을 지녔고, 수탁자가 아닌 누군가에 의해 현혹되지 않았다. 그들은 세부적으로 계산된 순수입을 기반으로 한 계산이 타당하다는 것을 깨달았기 때문에 자신들에게 좋은 투자 기회를 포착했다. 그들은 그 투자를 성공적으로 해냈다. 당신도 그렇게 할 수 있다.

Chapter 05

낡은 계산 방식을
버려야 하는 이유

낸시는 평소 은행과 자산관리사들이 보내는 명세서를 자세히 살펴보지 않았다. 그녀도 예전에는 우편으로 받은 명세서들을 살펴보는 데 많은 시간을 보냈다. 그 시절, 그녀는 돈이 그리 많지 않았기에 모든 씀씀이에 신경을 쓰고 있었다.

요즘 그녀는 하루에 100건쯤 되는 이메일을 받고 있다. 이 이메일들은 그녀에게 계정에 로그인하면 명세서를 검토할 수 있다고 공시하고 있지만, 이는 대단히 귀찮은 일이었다. 그녀는 명세서 맨 위에 있는 숫자만 보고 나머지는 전혀 들여다보지 않았다. 그리고 데이터의 요약만 보는 데 익숙해져 있었다. 예를 들어 계좌에 돈이 얼마나 남아 있는지, 그리고 투자가 어떤 식으로 이루어지고 있는지에 대한 설명 등만 보았다.

1월의 어느 날 아침, 그녀는 커피를 한 주전자 끓여놓고 자신의 모든 계정에 로그인해서 몇 시간 동안 세부사항을 검토하고 면밀하게 조사하면서 깜짝 놀랐다. 그녀는 자신의 은행 계좌, 증권 계좌, 은퇴 계좌, 자녀들을 위해 마련한 총 529 플랜 등을 확인했다.

작년은 미국 경제가 잘나가던 해였다. S&P 500지수는 그녀가 보유한 대부분의 자산가치와 마찬가지로 급등했다. 하지만 뭔가 이상하다는 것을 눈치챘다. 각 계좌는 지난 한 해 동안의 성장률을 백분율로 표시하고 있었는데, 계산기로 직접 계산해보니 문제가 있었다. 그녀의 계좌에 있는 총금액이 요약서에서 설명된 것보다 적었던 것이다. 일부 계좌의 수익은 설명서에 나온 것과 거의 비슷했지만, 특히 증권 계좌에서는 총금액이 설명보다 훨씬 적었다. 낸시는 혼란스럽고 걱정스러웠다. 무슨 실수라도 있었던 것일까? 그녀의 돈은 어디로 갔을까? 왜 이러한 혼란이 벌어진 것일까?

낡은 계산 방식으로 순자산 구해보기

이 장에서는 순수입의 낡은 계산 방식을 알아보고, 왜 우리가 그것을 버려야 하는지에 대해 배우게 될 것이다. 이를 '낡은 계산 방식'이라고 부르는 이유는 오래되고 부정확하기 때문이다. 이를 이해하기 위해서는 순자산에 대해 더 깊이 파고들어야 한다.

4장에서는 손익계산서를 검토했는데, 5장에서는 이 대차대조표의 다른 쪽에 초점을 맞춰 자산과 부채를 배치할 것이다. 당신의 자산과 부채가 무엇인지, 그리고 자산과 부채가 종종 잘못 인식되는 이유가 무엇인지를 검토할 것이다. 그러면 이것이 어떻게 사람들을 구속하는지 알게 되고, 큰 깨달음을 얻는 순간을 만나게 될 것이다.

만약 당신의 가장 큰 자산을 묻는다면 무엇이라고 답하겠는가? 열 명 중 아홉 명은 집이라고 말할 것이다. 금, 개인퇴직연금계좌IRA, 자동차, 레저용 차량RV, 1952년 미키 맨틀 야구 카드 등을 말하는 사람도 있을 것이다. 이는 은행들의 생각과 같다. 은행은 당신의 대차대조표를 작성할 때 이러한 방식으로 자산을 설명한다. 문제는 이것들이 자산이 아닐 뿐만 아니라 사실상 위장된 부채일 수도 있다는 것이다. 이것이 무슨 말일까?

더 쉽게 이해하기 위해 먼저 예전의 방법을 사용해보자. 이는 몇 가지 숫자를 생각해내고 자산의 개념을 확실하게 이해하는 데 도움이 될 것이다. 자산이라고 생각되는 모든 항목의 목록을 작성해보자. 다음의 항목들이 포함되어 있어야 한다.

- **입출금 계좌**
- **적금 계좌**
- **주식**(비과세 또는 퇴직연금)

- 채권

- 귀속연금

- 퇴직연금

- 미수금 계좌

- 생명보험 해약 환불금

- 세금 환급금

- 보트

- 레저용 차량(RV)

- 펜션(별장)

- 자동차

- 주택

- 임대용 부동산

- 개인퇴직연금계좌(IRA)

- 가정용 가구

- 수집품

- 기구

- 기타 자산

총자산 _____

무엇이 되었든 가치가 어떻든, 팔아서 현금으로 바꿀 수 있다면 자산 항목에 포함시켜야 한다. 작년에 작성한 손익계산서가 있다면 그것을 가지고 시작하면 된다. 또한 최근의 주택담보대출 신청을 출발점으로 사용할 수도 있다.

만약 당신이 누군가에게 빚을 졌다면 그 부채들도 나열해야 한다. 이 목록에는 다음과 같은 내용이 포함될 수 있다.

- 주택담보대출
- 임대용 부동산담보대출
- 펜션(별장) 주택담보대출
- 자동차담보대출
- 레저용 차량(RV)담보대출
- 보트담보대출
- 의료비 청구서
- 치과 진료비
- 신용카드 대금
- 기타 리볼빙 대출
- 우발(불확정) 채무
- 미납 세금
- 미납 소송료
- 학자금대출
- 개인에게 진 부채

- 미지급 계약금

- 기타 부채

총부채 _____

자녀를 위한 계약이나 보증에 대한 부채도 잊지 말고 포함시켜야한다. 배우자나 파트너와 함께 이 작업을 수행하는 경우 두 사람 모두의 부채를 포함해야 한다. 총부채를 계산하려면 이 모든 항목을 합산하면 된다. 이는 당신의 순자산이 얼마인지 알려줄 것이다. 총자산에서 총부채를 뺀 금액이 순자산이다. 예를 들어 자산 총액이 최대 50만 달러이고, 부채 총액이 20만 달러라고 가정해보자. 이 낡은 계산법을 사용하면 순자산은 30만 달러다.

총자산 _____ – 총부채 _____ = 순자산 _____

낡은 계산 방식의 문제점

이 접근법은 완전히 잘못된 것이다. 그 이유는 간단하다. 당신은 100만 달러의 가치가 있는 큰 집을 가질 수 있다. 주택담보대출이 50만 달러라면 순자산이 50만 달러라고 생각할 것이다. 하지만 정말로 그럴까?

다음 날 당신이 실직한다고 치자. 당신은 남은 집값 자산으로 대출을 받을 수 있을까? 그렇지 않다. 당신은 이제 무직자이고 집은 진정한 자산이 아니기 때문이다. 당신은 직장을 잃었지만 여전히 주택담보대출을 갚아야 하고, 공공요금과 주택소유자보험과 재산세 등을 내야 한다.

당신이 주요 자산이라고 생각했던 집은 갑자기 크고 뚱뚱하고 거대한 부채가 되었고, 당신은 이를 감당해야 한다. 나는 고객들이 계속해서 재정난에 빠지는 것을 보았다. 왜냐하면 누군가 그들에게 가장 큰 자산이 집이라고 말했기 때문이다. 그리고 그들은 최대한 가장 넓은 집을 사는 것이 가장 큰 자산을 만드는 것이라고 생각했다. 하지만 미국 속담에도 있듯이 배가 고플 때 집을 먹지는 못한다.

배가 고플 때 집을 먹지는 못한다.

집처럼 자동차도 부채다. 자산이라면 당신의 계좌에 돈이 입금되어야 한다. 돈을 가져가면 식료품과 바꿀 수 있다. 그것은 자산이다. 당신이 먹을 수 있는 것이라면, 당신에게 먹을 것을 주는 것이라면 그것이 자산이다. 부채는 당신을 굶긴다. 당신의 주머니에서 돈을 꺼내간다. 부채는 당신을 파괴한다.

나는 많은 가족과 많은 사업가가 그러한 부채에 압도당하는 것을 목격했다. 그들은 감당할 수 없는 집을 가지고 감당할 수 없는 비용을 지출했다. 그들은 파산하거나 압류당할 때까지 서서히 피를 흘리며 죽어갔다. 자산에 대한 잘못된 사고방식은 선량한 사람들을 곤경에 빠뜨린다. 당신의 집은 당신의 가장 큰 자산이 아니다. 그것은 부채다. 여기에 담보대출을 받게 되면 그 위에 또 다른 부채가 추가된다.

당신은 갑자기 은행이나 주택담보대출 회사를 위해 일하게 된다. 이는 전형적인 경제적 구속의 예다. 당신은 다른 사람이 소유한 것에 대한 비용을 치르려고 안간힘을 쓰게 된다. 그 자산은, 실제로는 저당권이 설정된 부채다. 유감스럽게도 그것은 은행의 자산이지 당신의 자산이 아니다. 반드시 부채를 감당할 자산을 만들어야 한다.

라스베이거스로 이사를 왔을 때 나는 자산으로 부채를 충당했다. 나는 집세를 받고 있었다. 나는 임대 수입으로 생활할 수 있었다. 그것이 진정한 자산이었기 때문에 거기에서 나오는 돈으로 식품을 사 먹으며 생활할 수 있었다. 우리 가족이 지내기 위해 빌린 집은 부채였지만, 그 집을 소유하지는 않았기 때문에 어떠한 가치 변동도 걱정할 필요가 없었다. 나는 그것을 자산으로 간주하지 않았다.

당신의 차는 자산인가, 부채인가? 그것이 당신에게 먹을 것을 주는가? 롤스로이스가 있으면 그것이 돈을 벌어다 주는가? 만약 당신이 그 차를 가지고 있다면 그것은 단지 유지비가 들 뿐이고, 이는 명백한 부채다. 또한 자동차를 사기 위해 대출을 받았다면 그 역시 부채다.

많은 사람들처럼 당신도 부채로 부채를 사고 있다. 이는 언제나 안 좋은 생각이다.

아마도 최고의 악성 부채는 신용카드일 것이다. 복리가 너무 빨리 쌓이고, 설정되는 방식대로 이자를 먼저 지불해야 하기 때문에 당신은 결국 카드사를 위해 일하게 된다. 주택담보대출도 같은 방식으로 작동한다. 당신은 부채에 대해 원금을 상환하지 않고 이자를 먼저 갚고 있을 것이다. 신용카드대출금이 많고 이에 대해 최소한의 금액만 상환하면 30년이 넘도록 빚을 갚고 있을 수도 있다. 이것이 구속이다. 당신은 지금 신용카드 회사를 위해 일하고 있는 것이다. 이런 말을 해서 미안하지만, 당신은 문자 그대로 열심히 일해서 그들을 부양하는 상황에 처해 있다.

집을 소유하는 것이 나쁘다는 말이 아니다. 부채를 가지고 부채를 사면 안 된다는 것이다. 하지만 당신은 결코 집을 소유할 수 없다. 그것은 다른 사람의 자산이고, 당신은 그냥 그들에게 돈을 지불하는 것이다.

학자금대출이 평생 발목을 잡을 수도 있다

당신은 학자금대출을 너무 많이 짊어져서 집을 사지 못하는 상황일지도 모른다. 누군가 당신에게 대학 졸업장이 매우 가치가 있다고 말했기 때문에 학위를 받았을 수도 있다. 대부분의 경우 대학 졸업장은 어느 정도 가치가 있다. 하지만 그 가치가 보장되는 것은 아니고, 모든 분야에서 동일한 방식으로 작동하지도 않는다.

미국의 경우 대학 졸업자는 평균적으로 평생 수입이 100만 달러 정도가 더 많다. 그렇다면 대학 졸업장을 따기 위한 비용은 오늘날 얼마나 가치가 있을까? 20만 달러 내지 30만 달러의 가치가 있는 학교가 있을까? 10만 달러를 투자한다면 30년 후에 100만 달러쯤을 더 갖게 될 것이다. 학위를 위해 10만 달러를 쓴다면 장기적으로 볼 때 가치가 있을 것이다. 만약 당신이 20만 달러를 학비로 지불한 결과가 평생에 걸쳐 급여 소득을 100만 달러 더 올리는 것뿐이라면 이는 그다지 좋은 생각이 아닐 수도 있다.(하지만 이 100만 달러가 평균치다.)

우리는 의사, 엔지니어, 변호사들이 이 평균치를 왜곡하고 있다는 것을 알고 있다. 내가 1년에 4만 달러를 버는 영문학 전공자라면 40만 달러를 버는 엔지니어의 교육을 보조해준 것이다. 왜냐하면 그 학위를 따기 위한 비용이 동일했기 때문이다. 다시 말해 우리는 모든 학위가 동등한 가치가 있다고 생각했다. 하지만 아니다. 당신은 영문학 학위 때문에 20만 달러의 빚을 지고 싶지는 않을 것이다.

미안하지만 이는 좋은 결정이 아니다. 그것은 부채다. 당신은 평생 학자금대출을 갚기 위해 일하게 될 것이다. 내 말을 믿는 것이 좋다. 나는 업무적으로 매일 고객들의 대차대조표를 보고 이러한 결정의 영향을 본다. 이들 중에는 대학을 졸업한 지 수십 년이 되도록 아직 학자금대출의 원금을 줄이지 못한 사람들도 무수히 많다. 그들은 이를 결코 청산하지 못한다. 왜냐하면 학자금 빚은 파산 상태에서는 거의 갚기가 불가능하기 때문이다. 조심하지 않으면 평생 따라다닐 것이다.

집은 팔리기 전까지 부채에 불과하다

경제적 구속의 다른 사례들도 있다. 앞에서 당신의 계좌를 조작하고 자신들에게 돈을 지불하게 만드는 자산관리사를 만나면 어떻게 되는지 보여줬다. 당신은 100%의 위험을 감수하고 투자를 하는 것이다. 자산관리사들은 평균적으로 이익의 약 70%를 가져간다. 이는 단지 평균치일 뿐이다. 더 많은 돈을 가져가는 자산관리사들도 있다.

당신이 시장에서 돈을 잃어도 그들은 보상해주지 않는다. 그들은 당신의 돈을 잃게 한 대가로 돈을 받는다. 결과는 안 좋았지만 나쁜 의도는 없었을 수도 있고, 돈을 잃게 하려고 했던 것이 아닐 수도 있다. 하지만 설령 그렇다고 하더라도 그들에게는 고객 한 명을 잃을지도 모른다는 것 외에는 부정적인 영향이 없다.(그 고객이 정신을 차린다면 말이다.) 하지만 당신은 돈을 잃는다.

간단한 예를 들어보자. 만약 당신이 10만 달러가 들어 있는 계좌를 가지고 있고, 그해에 시장에서 20%를 잃는다면 얼마나 남을까? 당신에게는 8만 달러가 남는다. 다음 해에는 20%가 올라간다면? 월가는 당신에게 이로써 손익이 같아졌다고 말할 것이다. 자, 계산해보

자. 8만 달러의 20%는 1만 6,000달러다. 당신의 이익은 1만 6,000달러이니까 총 9만 6,000달러가 된다. 당신의 순이익은 여전히 -4%다. 9만 6,000달러로 줄었기 때문에 4,000달러 적자가 된 것이다. 10만 달러부터 시작했으니 손익분기점에 못 미치는 셈이다. 이를 가리켜 다른 사람에게 경제적으로 구속되었다고 말하는 것이다. 그래야 그들이 당신의 자산으로 번성을 누릴 수 있는 것이다.

사람들은 군중에 휩쓸리는 경향이 있지만, 이는 일반적으로 좋은 생각이 아니다. 부동산 거품이 꺼지기 전까지만 해도 사람들은 다들 말했다. "시황이 정말 좋아. 뉴욕, 캘리포니아, 라스베이거스에 있는 모든 부동산이 값이 오를 거야."

라스베이거스에서는 사람들이 월세로 단돈 2,500달러에 빌릴 수 있는 집을 50만 달러에 사고 있었다. 이 망할 놈의 집에 설정된 담보대출금 상환액은 월 3,500달러였다. 그들은 매달 돈을 잃고 있었다. 하지만 어떤 부동산 중개업자는 시장 상황이 좋다며 사람들을 구워삶아 집을 사도록 설득했다. 이들은 "집값이 50만 달러보다 더 올라갈 것이다.", "그 집이 자산이 될 것이다.", "80만 달러로 오를 것이다." 등등의 감언이설을 늘어놓았다.

당신에게 알려줄 것이 있다. 집은 팔리기 전까지는 부채다. 집을 매각할 때 드는 수수료가 매매 가격의 8~10%를 차지한다. 그러니까 50만 달러짜리 집이 있다고 하면 이는 실제로는 45만 달러짜리 집이다. 그것도 즉시 팔았고 50만 달러를 다 받았을 때 그렇다는 것이다. 그것은 자산이 아니다.

임대용 부동산은 당신을 먹여 살리고, 가져가는 것보다 더 많은 돈을 당신의 주머니에 넣어줄 때에만 자산이다. 투입된 것보다 더 많은 돈을 빼내간다면 그것은 부채다. 누군가 당신에게 다르게 말하도록 내버려둬서면 안 된다. 당신이 직접 계산해봐야 한다. 모든 항목을 스스로 합산해야 한다.

가장 간단한 규칙은, 임대용 부동산을 가지고 있다면 임대료의 50%가 당신의 계좌에 입금될 것으로 예상하는 것이다. 한 달에 2,500달러에 임대를 놓는 부동산이 있다면 그중 1,250달러를 당신의 계좌에서 보게 될 것이다. 그에 대한 빚을 갚았다는 것을 잊어서는 안 된다.

임대료에는 세금도 있고, 주택 소유와 관련된 모든 비용이 있다. 부동산 관리인에게 돈을 지불하거나 직접 관리해야 한다. 도색도 해야 한다. 지붕, 냉난방기, 다른 모든 시스템을 교체해야 할 때도 있다. 이것들은 당신이 계산해야 할 모든 비용이다. 플러스(+)이면 자산이고, 마이너스(-)이면 부채다.

경제적으로 혼란에 빠진 고객들을 만나면 숨이 막히는 것 같다거나 목이 메는 것 같다고 말한다. 혹은 물에 빠진 것 같고 물 위로 머리를 내놓지 못할 것 같다고 말한다. 이는 듣기 좋은 소리가 아니다. 억압받고, 파괴되고, 혼란스럽고, 우울하고, 희망도 없다. 이것이 바로 경제적 구속의 느낌이다.

다음 장에서는 경제적으로 구속되지 않기 위해 지금 당장 시작할 수 있는 구체적인 행동을 설명할 것이다. 이는 정상에 오르기 위해 계속 앞으로 나아갔던 등반 여행을 생각나게 한다. 나는 빙하에도 오른 적이 있는데, 그냥 터벅터벅 걸어갔던 것 같다. 당신은 높은 고도에 있고, 숨을 거의 쉴 수 없다. 그리고 당신이 받은 지시사항은 계속 위로 올라가라는 것이다. 당신은 결국 정상에 도달하게 된다. 빙하를 질주해 올라갈 필요는 없다. 산 정상을 향해 뛰어오를 필요도 없다.

한번은 콘퍼런스에서 어떤 강연을 듣고 깊은 인상을 받은 적이 있다. 강연자는 에베레스트산을 정복한 자신의 경험을 이야기했다. 그런데 그의 업적이 더욱 인상적이었던 것은 그가 시각장애인이었기 때문이다. 그는 산소가 부족해서 1분에 한 걸음씩 정상으로 올라갔다고 말했다. 게다가 그는 앞이 보이지 않았기 때문에 종소리를 따라가야 했다. 그는 바람이 너무 세차서 아이스 피켈(얼음 도끼)에 매달려 있었다고 말했다.

올바른 방향으로 걸어가고 있는 한 당신은 어느 시점에 정상에 도달할 것이다. 그리고 이 시점부터 우리는 그 정상으로 향한다. 한 발짝만 더 가면 정상에 오를 수 있다. 정상에서 보는 경치는 정말 끝내줄 것이다.

이번 장에서 반드시 기억해야 할 것은 다음과 같다.

• 기존에는 순자산을 어떤 방식으로 계산해왔는가? 그 방식은 왜 버려야 하는가?

- 집을 자산으로 간주해야 하는가? 차는 자산인가?

- 카드 빚이 위험한 이유는 무엇인가?

- 당신의 대학 학위는 자산이며, 낸 학비만큼 가치가 있는가?

Chapter 06

내 통장의 숫자를
무한대로 바꾸는 방법

월튼은 나이가 좀 있는 부동산업자로, 소규모 부동산업체를 운영했다. 다른 부동산업자들처럼 그는 신입 직원들에게 사업 요령을 가르치기 좋아했고, 부동산 매물을 거래하는 것도 즐겼다. 그가 다른 부동산업자들과 다른 점은 직원들에게 그들이 팔고 있는 상품, 즉 주거용 부동산에 직접 투자하라고 요구했다는 것이다.

월튼은 직원들에게 수입의 최소 10%를 부동산에 투자하라고 권했다. 구체적으로 말하면, 그는 직원들에게 임대를 놓을 수 있는 부동산에 투자하라고 말했다. 그는 이를 근무 조건으로 요구했다. 그는 이같은 부동산을 '현금 흐름 부동산'이라 불렀다. 이는 부동산 중개인에게 그 부동산을 소유하는 데 드는 비용보다 더 많은 임대료를 가져다 준다는 것을 의미한다.

월세가 1,000달러인 부동산의 경우 부동산업자는 비용, 수리, 보험, 세금, 주택담보대출 이자 등을 낸 후에도 여전히 남는 돈이 있어야 한다. 직원들은 이 같은 월튼의 제안에 흔쾌히 응했다. 따라서 그들을 애써 설득할 필요가 없었다. 그들은 사무실을 통해 들어오는 부동산을 지속적으로 거래했고, 월튼은 항상 그들이 좋은 조건으로 부동산을 살 수 있게 계산을 도왔다.

젊은 직원 중 한 명은 자기가 살 집을 사는 대신 투자용 부동산을 사야 한다는 말에 다소 혼란스러웠다. 부모에게 항상 집을 사는 것이 최선의 투자라는 가르침을 받아왔기 때문이었다. 그는 가능한 크고 비싼 집을 사야 한다는 생각이 확고했다. 결국 그것이 그의 가장 큰 투자 대상이 되었다. 그는 집을 사서 값이 오르면 팔아서 돈을 벌고, 그 돈으로 더 큰 집을 사야 한다고 믿으며 성장했다. 하지만 월튼은 그에게 집을 사라는 말만 했다. 집을 팔라는 이야기는 전혀 하지 않았다. 그는 자산 포트폴리오에 부동산을 보유하는 것에 대해서만 이야기했다. 그렇다면 주택 시장이 활황일 때에도 집을 팔면 안 될까?

이 젊은 직원은 왜 월튼이 부동산의 가치 자체보다 부동산 임대료를 더 강조하는지 도무지 이해하지 못했다. 실제로 월튼은 종종 자신의 부동산 포트폴리오 가치에 대해 웃으며 농담하곤 했다. "난 알지도 못하고 알고 싶지도 않아. 물론 팔지도 않을 거야."

젊은 직원은 월튼의 부동산 포트폴리오 가치가 엄청날 것이라고 생각했다. 그 포트폴리오가 자기 것이라면 그는 그것을 팔아 가장 좋은 동네의 가장 큰 집을 사서 인생을 진정으로 즐길 것이라고 생각했다. 하지만 월튼은 부동산 거래일을 계속했다. 그는 사무실에서 직원들을 교육하고, 그들이 부동산 중개인이 될 수 있도록 자격증을 따는 것을 도왔다. 그가 요구하는 것은 항상 같았다. 어렵게 번 돈의 최소 10%를 저축해서 부동산에 투자해야 한다는 것이었다. 당시에는 10%가 많은 돈처럼 보였지만, 실제로는 그다지 큰돈이 아니었다.

세월이 흘러 직원들의 부동산 투자금이 늘어나자 놀라운 일들이 벌어지기 시작했다. 직원들은 더 많은 휴가를 낼 수 있었기 때문에 행복도가 더 높아졌다. 보유하고 있는 부동산에서 추가적인 소득 흐름이 발생했기 때문에 스트레스도 덜 받았다. 그들은 또 자신의 투자 방식을 고객들과 공유했고, 고객들도 그들과 같은 방식으로 투자하게 되었다.

젊은 직원은 가끔 친구들에게도 자신의 투자 방식을 알려주곤 했다. 그들이 돈 때문에 받는 스트레스가 커 보였기 때문이다. 그는 친구들에게 자신이 수입의 최소 10%를 어떤 식으로 투자했는지를 설명했다. 그것은 어렵지 않았으며, 투자금을 늘리는 경우도 종종 있었다고 말했다. 그러면 그의 친구들은 웃으며 주택담보대출, 자동차 할부금, 학자금대출 그리고 다른 여러 가지 지출로 간신히 입에 풀칠하고 있다며 투자는 무리라고 말하곤 했다.

수년간 이 직원은 상당한 부동산 포트폴리오를 구축했다. 사실 그는 처음 샀던 부동산에서 나오는 임대료 수입으로 충분히 생활할 수 있었기 때문에 급여의 거의 100%를 부동산 거래에 투자하고 있었다. 그제야 그는 월튼이 몇 년 전 가르쳐준 것이 무엇인지 비로소 깨달았다.

수입을 무한대로 늘리는 방법

이번 장에서는 기존의 숫자를 무한 투자를 위한 계산으로 변환하는 방법과 활용법을 알아볼 것이다. 앞에서 이미 은행들이 숫자에 대해 생각하는 오래된 방식과 그것이 우리에게 얼마나 불리하게 작용하는지를 검토했다. 그 오래된 숫자들이 완전히 쓸모없는 것은 아니지만, 그것들은 변환되어야 한다. 그 방법을 안다면 비록 오래된 숫자들이라도 유용한 데이터다.

이제부터 이 데이터를 가지고 어떤 부분이 무한 수입원으로 사용되는지 알아보고, 무한 순자산이 정확히 무엇인지 파악하기 위해 숫자를 역설계하는 방법도 살펴볼 것이다. 간단히 말해 당신의 무한 순자산은 '일하지 않고 얼마나 오래 생활할 수 있는가' 하는 것이다. 양동이를 들고 마을의 샘터로 가서 물을 길어오지 않고도 얼마나 살아갈 수 있는지 보여주는 것이다.

효과적인 무한 투자는 생활에 필요한 수입이 얼마나 되는지 계산을 통해 산출하는 것을 의미한다. 여기서는 소극적인 수입원을 고려해야 한다. 이를 통해 원하는 것과 필요한 것을 정확히 구분하면 살아가는 데 필요한 수입이 얼마인지 알게 될 것이다. 그런 다음 그러한 수입을 창출할 자산이 어디에 있는지 알아내면 된다.

다음의 퀴즈에 답해보기 바란다. 이 퀴즈를 풀려면 마음의 눈을 사용해야 한다. 전형적인 농장을 상상해보자. 여기서 자산에 해당하는 것은 무엇일까? 창고일까? 트랙터일까? 트랙터에 실린 수탉일까? 농가일까? 이 농장에서 어떤 것이 자산일까?

분석을 해보자. 트랙터는 자산일까? 트랙터가 사람들을 먹여 살리는 도구인가? 농가가 밥을 주는가? 창고가 사람들을 먹여 살리는가? 무엇이 사람들을 먹여 살리는지 파악하고 있는가? 여기서 자산은 하나도 없다.

자산은 농작물이다. 농지도 자산이다. 옥수수, 밀, 콩 등 사람이 재배하는 것은 무엇이든 자산이다. 좀 이해가 안 될 수도 있지만, 이 농장에서 먹고살기 위해 모든 농기구가 필요한 것은 아니기 때문이다.

농지는 소유할 수도 있고, 다른 사람에게 임대해 소작을 줄 수도 있다. 그렇게 하면 다른 사람이 땅을 경작해서 나오는 수확물의 일부가 나에게 온다. 그들은 작물을 재배하고, 나에게 돈을 준다. 나는 손가락 하나 까딱하지 않아도 된다. 가족 단위로 경영하는 농장이 줄어들면서 이 같은 계약 방식은 미국 전역에서 성행하고 있다. 내가 직접 농사를 지을 수도 있지만 그렇게 하려면 자산이 농장 운영 비용보다 더 많아야 한다. 농가와 모든 농기구는 비용이 나간다.

나는 농작물을 저장고에 보관한다. 이는 나의 퇴직연금, 개인은퇴계좌IRA 또는 확정급여연금 계획과 흡사하다. 이 저장고는 각별한 주의를 기울여 관리해야 한다. 저장고에 쥐가 드나들어 농작물을 다 훔쳐 먹지 못하게 막아야 한다. 쥐들은 자산관리사라고 할 수 있다. 조심하지 않으면 그들이 당신의 자산을 모조리 먹어 치울 테니 잘 지켜봐야 한다. 당신이 자산관리사라면 미안하다. 당신이 선량한 사람일 수도 있지만 불행하게도 나는 변호사이기 때문에 이런 말을 할 수밖에 없다. 금융업계의 평판을 떨어뜨리는 자산관리사들은 분명히 존재한다.

이 책의 1장에서는 수탁자를 잘 이용해야 하는 것의 중요성을 강조하고 있다. 수탁자는 당신의 이익을 자신의 이익보다 더 우선시해야 한다. 또한 자신의 수수료를 늘리기 위해 당신의 계좌를 가지고 장난을 치면 안 된다. 수탁자는 총자산 포트폴리오를 관리해주고 보수를 받는다. 일반적으로 약 1%의 비용이 청구된다. 그들은 당신이 날씨에 가장 적합한 작물을 재배하기 위해 고용해야 할 사람들이다. 그들은 당신의 곡물을 보호해준다. 그것이 그들의 의무다.

일부 금융자문가는 (수탁자보다는) 자산관리사가 되는 것을 더 선호한다. 고객을 '자산관리사'로 만들 수 있고 여전히 보수도 챙길 수 있기 때문이다. 만약 당신이 수탁자이고 당신의 고객을 자산관리사로 만든다면 그들은 아마도 당신을 고소할 것이다. 당신이 그들에게 의무를 부과했기 때문이다. 이 책의 앞부분에서 소개한 모건스탠리 소송 건이 바로 그러한 경우다.

계산하고 계산하고 또 계산하라

자산을 현명하게 사용하기 위해 내려야 할 결정은 수없이 많다. 어떤 것들은 상식적이고, 어떤 것들은 직관에 반하는 것일 수도 있다. 지금부터는 가장 일반적인 인생 시나리오 몇 가지를 설명할 것이다. 차를 리스할까, 구매할까? 개인퇴직계좌IRA에 투자를 할까? 신용카드를 쓰지 않으면 어떨까? 주식에 돈을 넣어야 할까? 임대용 부동산은 어떨까? 이 모든 것은 결국 이것으로 귀결된다는 사실을 기억해야 한다. 바로 모든 경제의 세 가지 규칙은 계산, 계산 그리고 또 계산이라는 것이다.

이 모든 것은 결국 이것으로 귀결된다는 사실을 기억해야 한다.

바로 모든 경제의 세 가지 규칙은 계산, 계산

그리고 또 계산이라는 것이다.

자동차를 구매할 것인가, 리스할 것인가?

차를 리스하는 것과 구매하는 것 중 무엇이 더 좋을까? 당신은 자동차 소유에 들어가는 비용을 계산하고 그 수치를 줄일 필요가 있다. 앞으로 20년도 안 되어 다시는 휘발유 자동차를 살 수 없을 것을 장담한다. 당신은 소유 비용이 훨씬 낮아진 전기 자동차나 하이브리드 자동차를 구입하기 시작할 것이다. 어느 차량이든 소유에 드는 총비용을 파악해야 한다. 수리비를 쏟아붓거나 기름독이 될 차량을 구입할 수도 있기 때문이다. 리스 비용 대비 실제 자동차 소유 비용을 산정하려면 이 모든 사항을 고려해야 한다.

미국 국세청은 매년 마일리지에 따른 환급금을 지급한다. 역대 환급금은 마일당 53~58센트였다. 기름값과 차량의 연식이 차량 유지비를 결정한다. 1년에 1만 마일을 운전하고 국세청 마일리지가 마일당 58센트라면 환급비는 5,800달러다. 이러한 상황에서 차를 리스하는 것이 더 나은가, 아니면 차를 구매하는 것이 더 나은가? 차는 아직 부채에 해당하므로 두 사항을 잘 비교해야 한다. 원하는 차를 사는 것보다 원하는 차를 리스하는 것이 더 나은 경우가 꽤 많지만, 필요한 차를 사는 것이 훨씬 더 낫다. 가장 좋은 답은 자산을 구입해 그 자산이 월 단위로 생산하는 돈의 금액을 기준으로 자동차를 구입하거나 리스하는 예산을 책정하는 것이다. 예를 들어 매달 450달러씩 지속적으로 긍정적인 현금 흐름을 가져다주는 임대용 부동산을 살 수 있다면 원하는 차를 한 달에 450달러 가까운 가격에 리스할 수 있을 것이다.

집을 살 것인가, 빌릴 것인가?

집을 구입하는 것과 빌리는 것은 어떨까? 어떤 것이 더 나을까? 이는 상황에 따라 다르다. 살고 싶은 동네에서 구매하는 가격의 반값으로 집을 빌릴 수 있다면 그 집을 빌려야 한다. 이때 생활비를 먼저 계산해야 한다. 1달러라는 숫자가 있다고 치자. 이 숫자는 원하는지, 필요한지에 따라 당신이 거주지를 마련하는 데 드는 비용을 나타낸다.

당신은 121.92제곱미터(약 36.9평)의 아파트를 빌릴 수 있는가? 처음 집을 구하는 것이라면 그러고 싶을 것이다. 하지만 지금도 그렇게 하고 싶은가? 아마도 아닐 것이다. 하지만 필요하다면 그렇게 할 수도 있다. 그 숫자가 얼마인지 계산해보자. 원하는 것이 무엇인가? 여기가 당신이 살고 싶은 곳이다. 그러면 잘됐다. 이 집을 구입할 것인가? 그래도 집은 여전히 부채이므로 소유 비용을 계산해야 한다. 소유하는 비용이 빌리는 비용보다 더 나은지 비교해보라.

세인트루이스 연방준비은행의 경제자료FRED에 따르면, 같은 집을 빌리는 비용과 구매하는 비용은 사실상 똑같다. 불행하게도 집을 살 때에는 부동산 중개업자들이 우리가 어떤 집을 필요로 하고, 우리가 어떤 집을 원하는지에 집중하는 대신 '우리가 얼마의 예산을 가지고 있으면 집을 살 수 있는지'를 정말로 잘 알려주기 때문에 우리는 종종 무리해서 집을 사는 경우가 있다. 2008년의 경기 침체는 주로 이러한 사고방식에 바탕을 두고 있었고, 그 여파는 거의 재앙적 수준이었다.

주택이 부채라는 점을 감안하면 나는 개인적으로 집을 사는 대신 자산을 구입하고 그 자산으로 집세나 주택담보대출에 대한 이자를 지불할 것이다. 예를 들어 내가 원하는 집을 사는 데 매달 3,000달러의 이자나 3,000달러의 월세가 든다는 것을 안다면 나는 임대료, 주식 배당금 또는 다른 무한 수입원에서 이 금액을 지불하기에 충분한 수입을 얻고자 할 것이다.

로스 개인은퇴연금(ROTH IRA)과 전통적 개인은퇴연금(IRA)의 차이점

로스 개인은퇴연금에 투자해야 할까, 아니면 전통적 개인은퇴연금에 투자해야 할까? 이 둘의 차이점은 무엇이고, 왜 사람들은 세금을 더 내면서도 전통적 개인은퇴연금을 로스 개인은퇴연금으로 바꾸고 있는 것일까?

차이는 간단하다. 전통적 개인은퇴연금에서는 적립한 돈에 대해 세금 공제를 받을 수 있지만, 돈을 인출할 때에는 세금이 부과된다. 로스 개인은퇴연금에서는 적립하는 돈에 대해서는 세금이 부과되지만, 적립금을 인출할 때에는 세금이 부과되지 않는다. 두 상품은 모두 몇 가지 규칙과 조건이 있지만, 이것이 가장 큰 차이다. 그래서 일부 투자자들이 로스 개인은퇴연금에 열광하는 것이다. 왜냐하면 지금 5,000달러를 적립하고 세금 공제를 포기해도 되기 때문이다. 30년 후 5,000달러가 5만 달러로 바뀌면 세금을 내지 않는다. 규칙 1번을 기억하자. 계산하고, 계산하고, 또 계산하는 것 말이다.

- **전통적 개인은퇴연금: 당장은 세액 공제가 있지만, 나중에 세금을 내야 한다.**
- **로스 개인은퇴연금: 당장은 세액 공제가 없지만, 나중에 세금을 내지 않는다.**

만약 내 급여가 최고 수준이고, 과세 등급상 주와 연방에 합산해서 30%의 세금을 내고 있다면 기본적으로 적립금 1달러마다 30%를 곱한 금액인 1.30달러를 환급받게 된다. 그래서 개인은퇴연금에서는 1달러를 적립하고 세금도 30%나 더 아끼게 된다. 한편 로스 개인은퇴연금에 1달러를 적립하면 세금(1달러×30%=30센트)을 먼저 내야 하므로 적립금은 70센트가 된다. 전통적 개인은퇴연금에서는 1달러와 세금 절감 혜택을 통한 30센트를 더 가지고 있게 되고, 이에 비해 로스 개인은퇴연금에서는 70센트를 가지게 된다.

실제로 첫날에는 전통적 개인은퇴연금의 적립금이 60센트 더 많다. 이 부족분이 메워지려면 오랜 시간 동안 수익이 나야 하지만, 로스 개인은퇴연금은 적립금에 대해 비과세이기 때문에 많은 사람들이 여전히 이를 더 나은 거래라고 생각한다.

전문가들은 늘 "하지만 전통적 개인은퇴연금에서는 적립금을 인출할 때 세금이 부과된다."고 말한다. 이는 사실이긴 하지만, 제대로 이해되지 못하는 경우가 많다. 문제는 대다수의 미국인이 은퇴하는 현실에서 발생한다. 퇴직을 하게 되면 과세율이 대폭 떨어진다. 미국 인구조사국에 따르면, 평균 은퇴자 가정과 중위 가정(50분위)은 현재 과세율이 12%로 밑에서 두 번째인 연방 과세 대상 계층이다. 주세가 최소한 3%라고 가정한다면 평균 은퇴자 가정은 기껏해야 15%의 과세 대상 계층에 속할 것이다. 요점을 설명하기 위해 소득의 상당 부분이 10% 과세율 대상에 속하더라도 이 수치를 예로 들어 설명하겠다.

이 사례에서는 다음과 같은 가정이 도출될 수 있다.

• **40세인 개인이 연방정부와 주정부에 총 30%의 세금을 내는 과세 대상자라면**

매년 5,000달러를 투자할 때 30년간 7%의 수익을 올리게 된다.(70세 은퇴)

- 만약 개인이 로스 개인은퇴연금에 투자한다면 은퇴 시 33만 613달러를 받게 될 것이다.

만약 개인이 전통적 개인은퇴연금에 투자한다면 은퇴 시 47만 2,304달러를 받게 될 것이다. 하지만 전통적 개인은퇴연금의 경우 인출 시 15%의 세금이 부과되므로 세금을 공제하면 실제로 받는 돈은 40만 1,458달러다. 현실은 전문가들이 말하는 것과 크게 다르다. 그래서 하느님이 우리에게 계산기를 내려주신 것이다. 계산기는 개인이 편리하게 사용할 수 있는 거짓말 탐지기 같은 것이다.

이 계산기는 로스 개인은퇴연금이, 과세율이 최하위인 계층에 속하는 젊은이들에게는 최고라는 것을 알려준다. 그들의 과세율은 앞으로 늘어날 일밖에 없기 때문이다. 또한 로스 개인은퇴연금의 경우 세금을 내지 않고 언제든 적립금을 인출할 수 있으므로 좋은 저축 계획이다. 다만 당장 은퇴할 가능성이 없으며, 과세율이 높은 계층에 속하는 사람이 전통적 개인은퇴연금의 과세 면제 혜택을 포기하고 로스 개인은퇴연금에 돈을 적립하는 것은 말이 안 되는 행동이다. 또한 전통적 개인은퇴연금을 로스 개인은퇴연금으로 전환하고 전환된 적립금에 대해 세금을 내는 경우도 있다. 이는 말이 되지 않지만 이러한 일은 늘 이루어지고 있고, 많은 금융전문가가 이러한 방식을 적극적으로 권유하고 있다.

이자율 0%인 신용카드

이자율이 0%인 신용카드는 사용해도 좋을까? 그것은 그 카드로 무엇을 구입하는가에 따라 다르다. 자산을 구입하는 경우에는 괜찮은 거래가 될 수 있다. 카드 대금을 갚을 수만 있다면 말이다. 0%의 이자율은 단지 일정한 기간에만 적용될 뿐이다. 이후의 이자율은 18% 안팎으로 치솟는다. 내 경험상 신용카드를 사용하는 사람들의 거의 80%가 0% 이자율의 혜택을 주는 기간이 끝나면 한도액이 부족해진다. 그러면 자연스럽게 18%의 이자를 내야 하는 신용카드로 갈아탄다. 이는 개인에게는 좋은 거래라고 할 수 없지만, 신용카드 회사에는 아주 좋은 거래다.

신용카드로 결제하면 부채가 생길 가능성이 커지기 때문에 카드사들은 적극적으로 카드 사용을 제안한다. 그러면 당신은 카드 비용을 지불하거나 부채를 사게 된다. 위험한 것은 신용카드 그 자체가 아니라 우리가 카드로 사는 것이다. 이 책에서 끊임없이 되풀이하는 말은, 부채는 절대로 사면 안 된다는 것이다.

주식 투자

증시에서도 같은 원리를 적용해야 한다. 현재 주가가 날아오르는 회사에 돈을 투자할 수는 있지만, 실제로 당신에게 돌아가는 소득은 하나도 없다. 실제로 당신은 아마도 증권 계좌를 열기 위해 돈을 지불하고 있을 것이다. 아니면 연간 2%의 인플레이션이 당신의 돈의 가치를 떨어뜨리고 있으므로 실제로는 돈을 잃고 있을 것이다. 따라서 증시에 투자하고 있다면 보유 중인 돈의 상당 부분은 자산이 아니다. 당신에게 돈을 벌어주고 당신의 계좌에 돈을 넣어주는 것이라야 자산이라고 할 수 있다.

1장에서 언급한 복리가 붙는 배당 같은 주식을 물색해야 한다. 그런데 그러한 주식은 극소수다. 50년 이상 배당금을 지급하고 최소 50년 연속 이 배당금을 증액한 기업은 25곳도 안 된다. 그러한 증액분은 실제로 당신이 쓸 수 있는 돈이다. 그 돈으로 식료품을 살 수 있다. 따라서 그것은 자산이다.

아마존이 처음 상장되었을 때 그 주식을 사두었다면 이렇게 말할 수 있다. "이건 고공 행진하는 주식이야. 봐, 주가가 엄청나게 올랐다고." 하지만 그것은 당신에게 1달러도 준 적이 없다. 신용카드 빚이 있고 아마존 주식도 보유 중이라면 "그 주식을 보유하는 데 18%의 비용이 든다."고 말할 수 있다. 아마존 주식이 400달러일 때 1만 달러어치를 샀다면 현재는 5만 달러로 올랐기 때문에 소위 대박을 터뜨린 것이다.

이 주식을 팔면 4만 달러를 벌 수 있다. 하지만 수익을 갉아먹는 몇 가지 다른 요인이 있다. 먼저 세금을 내야 한다. 주식을 1년 이상 보유할 경우 최고 금리는 연방세와 주세를 합쳐서 모두 20%다.(여기서는 편의상 2%라고 한다.) 이제 수익은 3만 2,000달러로 줄었다. 그런 다음에는 1만 달러에 대해 얼마의 이자를 지불했는지 계산해야 한다.

당신이 신용카드 빚이나 다른 대출이 있는 가운데 투자를 5년 동안 유지했다고 가정해보자. 금융분석기관 월릿허브의 신용카드 환경 보고서에 따르면, 미국의 평균 신용카드 금리는 19.02%라고 한다. 주식을 팔 때 카드 빚이 아닌 다른 대출금을 갚는다면 2만 3,883.60달러(5년간 10,000달러+이자)를 지불하는 것이다. 이 금액 중 1만 3,883.60달러는 이자이므로 또 수익에서 빼야 한다. 따라서 증시 역사상 최우량주에 대한 실제 수익은 1만 8,116.40달러다.

물론 이는 큰 수익이지만 증시 역사상 가장 큰 성공 사례인 것을 감안하면 기대 이하인 것은 분명하다. 증시에는 당신의 투자금은 물론 이자 비용까지 앗아가는 수많은 투자 실패 사례가 있다. 특히 빚을 내서 투자하면 절대로 안 된다. 빚을 내서 또 다른 부채를 사면 안 된다. 부채로 부채를 사면 안 되는 것이다. 이러한 규칙은 임대용 부동산에도 동일하게 적용된다. 임대용 부동산에 대한 투자는 긍정적인 현금 흐름을 제공할까, 아니면 매달 주머니에서 돈을 앗아갈까? 현금 흐름이 이자를 포함한 부채에 돈을 지불하는가? 자산이 있고 그 자산이 부채의 이자 비용을 치른다면 그것은 말이 된다. 빚에 대한 이자를 내지 않는다면 빚을 갚는 것이다. 다시 물 양동이 나르기로 돌아가보자. 마을의 샘터로 양동이를 들고 가서 돈을 지불하지 않는 한 그것은 부채가 아니다.

매달 무한 수입 만들기

만약 양동이로 물을 길어 나를 때 무언가에 대가를 지불해야 한다면 그것은 부채다. 획득이 아니라 지속적인 소유에 대해 말하는 것이다. 그것 때문에 매달 돈이 나가는가? 이를 알아내려면 계산을 해봐야 한다. 좋은 차나 좋은 집을 사지 말라는 것이 아니다. 그렇게 하려면 그것을 지불할 무한 수입원, 돈을 지불할 자산이 있어야 한다는 말이다. 그런 자산은 무엇일까? 그런 자산은 무엇을 생산할까? 그런 자산은 무한한 수입을 창출한다. 이 책은 그것을 어떻게 계산하는지 알려줄 것이다. 무한 수입은 휴가 중이건 일하는 중이건, 잠을 자는 중이건 깨어 있는 중이건, 미국에 머무르는 중이건 해외출장 중이건 상관없이 들어오는 소득이다. 우리가 해야 할 일은 어떤 자산으로 무한한 소득을 창출해낼 것인지 결정하는 것이다.

무한한 수입은 휴가 중이건 일하는 중이건,

잠을 자는 중이건 깨어 있는 중이건,

미국에 머무르는 중이건 여행 중이건 상관없이 들어오는 소득이다.

예를 들어 보유 중인 부동산을 세놓을 경우 실제로 창출되는 순익이 얼마나 되는지에 주의를 기울여야 한다. 임대용 부동산을 운영했던 내 경험에 따르면, 대략 50%가 순익으로 남아야 한다. 월세가 1,000달러인 부동산을 임대로 놓을 경우 보험료, 세금, 수리비, 관리비 등을 모

두 부담한 후에도 월 500달러 정도가 되면 월간 순임대 수입은 500달러다. 이것이 자산이다.

저작권료도 있을 수 있다. 책을 쓰거나 소프트웨어를 개발하거나 비디오 게임을 만들었을 때 나오는 돈이다. 이것도 자산이다. 이 자산에서 긍정적인 현금 흐름이 창출된다는 계산이 산출될 수 있다.

주식 배당금은 어떤가? 나는 코카콜라 주식을 보유 중이고, 여기서 정기적으로 배당금이 나온다. AT&T 주식을 소유하고 있고, 주식 배당금도 지급된다. 엑손, 버라이즌 등도 배당왕이다. 배당금이 들어오므로 이를 월 단위로 나눠야 한다. 배당금은 일반적으로 분기별로 지급되므로 3으로 나누면 된다. 아니면 그냥 연간 총배당금을 12로 나누어서 월 단위로 계산해도 된다. 여기서는 한 달에 150달러의 배당금을 받는다고 가정해보자. 이 또한 자산이며, 여기에서 현금 흐름이 나온다는 계산이 산출될 것이다.

만약 다른 사람에게 돈을 빌려줬다면? 벌고 있는 월이자 소득도 포함해야 한다. 나는 삼촌에게 돈을 빌려줬고, 삼촌은 매달 이자를 100달러씩 주고 있다. 다른 사람에 대한 대출은 자산이며, 받고 있는 이자는 현금 흐름에 추가되어야 한다.

주식으로 돈을 버는 방법에는 실제로 세 가지가 있다. 사람들은 대부분 이 가운데 하나만 알고 있다. 그것은 주가가 오르기를 기다리는 것이다. 나머지 두 가지를 이해하고 활용하기 위해서는 그에 대한 간단한 개념을 이해해야 한다.

첫째, 사람들이 원하는 자산을 소유할 때마다 옵션 시장이 있을 수 있다. 옵션이란 그것을 사거나 팔기로 미리 합의하는 흥미로운 방법이다. 예를 들어 당신이 부동산을 소유하고 있는데, 누군가 그 부동산을 구입하고 싶다며 일정한 기간에 특정한 가격으로 그것을 살 수 있는 권리를 당신에게 제안할 수도 있다. 당신이 20만 달러에 집을 팔 생각인데, 누군가 앞으로 30일 후 언제든 20만 달러에 집을 살 수 있는 권리를 갖고 싶다고 말한다. 당신의 집을 살 수 있는 선택권을 갖게 되는 대가로 당신에게 계약금 1,000달러를 지불할 것이라고 말한다. 기간이 길어질수록 더 많은 돈을 지불할 것이다.

둘째, 자산을 살 수 있는 시장이 있다면 자산을 팔 수 있는 시장도 있다. 만약 당신이 20만 달러에 어떤 집을 사고자 한다면 그에게 일정 기간에 20만 달러에 그 집을 사야 하는 의무를 부과하는 옵션을 팔 수 있다. 예를 들어 당신이 부동산 소유주에게 '당신이 나에게 1,000달러를 주면 6개월 동안 시장에서 어떤 일이 일어나든 당신의 집을 20만 달러에 사는 것에 동의할 것'이라고 말할 수 있다. 만약 주택 시장이 하락해 집값이 19만 달러밖에 안 된다고 해도 당신은 20만 달러를 지불해야 한다. 시장이 그대로라면 1,000달러를 가질 수 있다. 시세가 올라도 1,000달러를 가진다. 하지만 시장이 하락해도 원래 동의한 금액을 지불해야 하는 것이다.

주식 시장에서 주식을 사는 옵션도 가격을 설정해 집을 사는 옵션과 똑같다. 이를 '콜옵션'이라고 하며, 콜옵션 시장이 별개로 존재한다.

이 콜옵션 시장은 뒤에서 주식 임대에 대해 이야기할 때 더 자세히 설명할 것이다. 누군가 당신에게 특정 가격에 주식을 사도록 의무를 부과하는 옵션을 '풋옵션'이라고 한다. 이는 당신이 집주인에게 20만 달러에 집을 사도록 의무를 부과하는 권리를 팔았던 것과 정확하게 같은 이치다. 이러한 유형의 옵션을 판매하면 단기 시세차익으로 처리된다. 이 차익은 월별 현금 흐름으로 추가되며, 수익으로 계산해야 한다.

옵션 판매로 번 돈은 보통 주식으로 번 배당금보다 조금 더 많다. 주식 배당금으로 150달러를 받는 경우 단기 시세차익('옵션 수익'이라고도 함)에서 200달러를 받는다고 가정해보자. 게다가 오래전에 쓴 책에서 10달러의 저작권료를 가지고 있고, 순임대 수입은 500달러다. 삼촌에게서는 매달 100달러의 이자를 받고 있으며, 매달 단기 시세차익을 얻는다. 이를 전부 합치면 한 달에 960달러다. 이를 전부 더하면 된다. 이제 매달 얼마의 무한 수입이 들어오는지 계산이 나올 것이다.

| 무한 수입 사례

월간 임대료	500달러
월간 저작료	10달러
월간 주식 배당금	150달러
월간 이자	100달러
월간 S.T. 자본 이득	200달러
총월간 무한 수입	**960달러**

일일 무한 수입 계산하기

이제 계산 방법을 알아보자. 월간 무한 수입을 12개월로 곱해서 연간 수입으로 전환한다. 이 숫자는 연간 무한 수입이다. 무한 수입의 일일 수치를 알고 싶다면 연간 금액을 365(연간 일수)로 나누면 된다.

앞의 예로 계산하면 일일 무한 수입은 31.56달러다. 하루에 300~400달러를 쓰고 30달러만 벌고 있다는 사실을 깨닫는다면 사람들은 놀라서 눈이 휘둥그레질 것이다. 누군가 다음과 같이 깨달을 수도 있다. '좋아, 이제 라떼 여섯 잔은 안 마셔도 될 것 같아. 이제 줄일 수 있어.'

만약 내가 하루에 400달러를 쓴다면 무한 수입원에서 들어오는 한 달 수입은 1만 2,167달러 또는 연간 14만 6,000달러여야 한다.

| 일일 무한 수입

총월간 무한 수입	960달러
×12(연간 월수)	11,520달러
÷365(연간 일수)	31.56달러
일일 무한 수입	**31.56달러**

순수입은 내가 한 달에 얼마를 쓰는가와 무한 수입에서 얼마를 버는가 사이의 차이를 계산해보면 알 수 있다. 이는 매우 현실적인 계산법이다.

무한 수입 사례

존스 가족의 사례로 이 개념을 살펴보자. 다음은 존스 가족에 대한 몇 가지 사실들이다. 이들은 모든 수입원에서 매달 총 7,500달러를 번다. 그리고 한 달에 6,500달러를 쓴다. 월수입 한도 내에서 그들은 매달 750달러의 돈이 나오는 두 임대용 부동산으로 월 1,500달러의 순수입을 올린다. 저작권료 수입은 없다. 대신 훌륭한 주식 포트폴리오를 가지고 있고, 매달 250달러의 주식 배당금 수익을 올리고 있다.

이들은 증권 계좌에 10만 달러를 보유하고 있고, 아무에게도 돈을 빌려주지 않았기 때문에 이자 수입은 하나도 없다. 증권 계좌를 통해 주식을 매입했기 때문에 주식 거래 외에는 아무것도 하지 않으면서도 매달 약 400달러의 추가 수입을 올리고 있다. 즉, 무한 수입으로 매월 약 1,400달러를 창출하고 있다. 하루 무한 수입을 산출하려면, 1,400달러에 12개월을 곱하고 365일로 나누면 하루에 46달러가 된다. 이것이 매일 무한 수입으로 들어오는 돈이다. 따라서 그들이 하루에 46달러로 살 수 있다면 그들의 요구를 충족시킬 충분한 수동적 수입이 있기 때문에 더 이상 일할 필요가 없을 것이다.

이제 그들이 얼마를 쓰는지 계산해 그들의 순수입을 알아보자. 그들은 월급으로 매달 7,500달러를 벌고 있다. 또한 6,500달러의 비용을 지출하므로 잔금이 1,000달러다. 대부분의 은행에서는 이를 '순익'이라고 부른다.

만약 그들이 하던 일을 계속한다면 이번 달 말 1,000달러를 더 받게 될 것이다. 존스 부부는 자신들의 욕구를 자제함으로써 900달러를 추가로 절감할 수 있다고 말한다. 그 900달러가 소위 '지방'이다. 만약 그들이 6,500달러에서 900달러를 더 뺀다면 필요한 것에 대한 지출은 5,600달러로 줄어들 것이다. 그것이 그들에게 필요한 지출이다. 그들의 월간 순수입은 원하는 것에서 1,000달러, 필요한 것에서 1,900달러다.

| 존슨 가족의 수입 내역

월간 임대료	750달러
월간 저작권료	0달러
월간 주식 배당금	250달러
월간 이자	0달러
월간 S. T. 자본 수입	400달러
총월간 무한 수입	1,400달러
총월간 기타 수입	6,100달러
총월간 수입	**7,500달러**

이것이 왜 중요할까? 존스 가족에게 중요한 방향을 알려주기 때문이다. 그들은 6,500달러나 5,600달러를 지출할 것이다. 각각에 12개월을 곱하고 이를 365일로 나누면 그들이 필요로 하는 것에 대한 지출이 나온다. 이러한 식으로 원하는 것과 필요한 것을 산출할 수 있다.

먼저 그들이 하루에 원하는 것이 무엇인지 살펴봐야 한다. 그런 다음 필요 없는 지출을 빼서 실제로 하루에 필요한 지출을 계산해볼 것이다. 만약 그들이 곤경에 처해서 생존을 위해 지출을 줄여야 한다면 그 금액이 얼마나 되는지 알 수 있다.

존스 가족은 매달 7,500달러의 수입을 올리고 있으며, 현재 매달 6,500달러를 지출하고 있다. 그리고 쓸데없는 지출 900달러를 더 삭감하기로 했다. 이로 인해 월순이익은 원하는 것에서 1,000달러, 필요한 것에서 1,900달러가 된다. 따라서 6,500달러를 12개월로 곱하면 7만 8,000달러가 된다. 그것을 365일로 나누면 213.70달러가 된다. 이 숫자가 그들이 원하는 것에 매일 지출하는 돈이다. 이는 축소보다는 원하는 방식으로 사는 것을 더 선호하는 경우 나오는 숫자다.

존스 가족이 씀씀이를 줄인다면? 현재 그들은 연간 7만 8,000달러, 즉 하루에 213.70달러를 필요한 것을 구매하는 데 쓰고 있다. 그렇다면 얼마나 적자가 나고 있을까? 그들은 하루에 46.03달러의 무한 수입을 가지고 있으므로 적자 폭은 두 금액의 차액인 167.67달러다. 이는 그들이 소비 지출을 줄이지 않을 경우 일을 그만둘 때 필요한 무한 수입이다.

지출을 줄일 수 있다는 사실을 아는 것은 도움이 된다. 그 적자 폭이 상당히 줄어들기 때문이다. 이들에게 필요한 돈은 한 달에 5,600달러, 연간 약 6만 7,200달러다. 그러므로 존스 가족은 하루에 184.11달러를 써야 한다. 그들이 지출해야 할 금액과 무한 수입의 차이는

138.07달러다. 그렇다면 무한 수입에 도달하기 위한 가장 빠른 방법은 두 가지 일을 모두 하는 것이다. 즉, 일상적으로 지출하는 금액을 낮추고 들어오는 금액은 늘리는 것이다.

| 존슨 가족의 바라는 것과 필요한 것

구분	원하는 것	필요한 것
월급여	7,500달러	7,500달러
월비용	6,500달러	5,600달러
월순수입	1,000달러	1,900달러
연간 비용	78,000달러	67,200달러
일일 비용	213.70달러	184.11달러
일일 무한 수입	46.03달러	46.03달러
적자 폭	**-167.67달러**	**-138.07달러**

만약 존스 가족이 일을 하지 못하게 된다면 그들의 하루 지출은 현재 생활방식에 근거했을 때 167.67달러가 부족할 것이다. 이 부족한 수치로 그들은 일하지 않고도 생존할 수 있는 총기간을 계산할 수 있다.

총자산이 50만 달러이고, 총부채가 25만 달러라고 가정하자. 그러면 그들의 순자산은 25만 달러다.(자산에서 부채를 뺀 것이 순자산에 해당한다.) 그들은 순자산 25만 달러를 가져다가 167.67달러의 부족한 금액으로 나눈다. 그 결과, 그들이 순자산을 야금야금 다 써버리며 산다면 그들이 일하지 않아도 생활할 수 있는 날은 1,491일이라는 것을 알 수 있다.

다른 예를 들어보자. 당신이 100만 달러의 자산을 가진 백만장자라고 가정해보자. 흔히 이런 사람을 부자라 한다. 그런데 정말 그런 것일까?

안타깝게도 당신에게 무한 수입이 없고, 하루 생활비는 400달러가 든다면? 이를 아주 신속하게 역설계할 수 있다. 하루 400달러에 365일을 곱하면 연간 14만 6,000달러가 된다. 그것을 12개월로 나누면 월 1만 2,000달러의 지출 비용이 나온다. 무한 수입이 하나도 없는 상태에서의 이 같은 월지출은 하루에 400달러가 부족한 것과 같다.

그렇다면 백만장자인 당신이 가진 돈으로 며칠 동안 살 수 있을까? 100만 달러를 400달러의 부족분으로 나누면 2,500일 혹은 6.8년 정도 버틸 수 있다는 계산이 나온다. 이후 당신은 완전히 망가지게 된다. 소유하고 있는 모든 것을 팔아야 하고, 당신의 이름으로 보유하는 것은 한 푼도 없게 된다. 하지만 당신은 잠시 자신을 부자라고 생각했다. 은퇴하는 사람들에게 이런 일이 반복된다. 단지 그렇게 분명하지 않을 뿐이다.

자산을 매각하는 일은 결코 쉽지 않다. 시장 변동, 부동산 중개 수수료, 세금 및 기타 비용이 있어 수령액이 크게 줄어든다. 몇 년 동안 일하지 않았는데 돈이 없어졌다면 먹고살기 위해 할 수 있는 유일한 일은 창고 대방출을 통해 모든 것을 파는 것이다. 그리고 그것이 부동산이나 가구가 가득한 집이라고 해도 불티나게 팔리는 가격으로 설정해야 할 것이다. 대개는 손해 보는 장사다.

| 무한 수입 없는 백만장자의 자산 존속 기간

자산: 100만 달러	750달러
무한 수입: 0달러	0달러
일일 경비: 400달러(×365일)	250달러
연간 경비: 14만 6,000달러	0달러
일일 경비 부족분: 400달러	400달러
자산 존속 기간: 2,500일(6.8년)	**7,500달러**

당신의 무한 순자산은 얼마인가? 지금 당장은 좀 우울하겠지만, 이 책의 무한 수입 계획을 따른다면 결국 당신의 무한 수입을 찾을 수 있을 것이다. 시작은 느리지만 끝까지 갈 수 있다. 이는 그냥 수학이기 때문이다. 시간이 지나면서 우리는 살아남기 위해 아무것도 팔지 않아도 되고, 당신의 무한 수입은 영원히 계속될 것이라고 확신한다.

주변을 둘러보면 무한 수입의 공개가 큰 영향을 미치는 것을 볼 수 있다. 나는 라스베이거스에서 억만장자 하워드 휴즈의 이름이 헌정된 건물에서 일한다. 그는 세상에서 가장 큰 200억 달러 이상의 가치를 지닌 재단을 설립했다. 지난해 이 재단은 의학 연구에 5억 달러 이상을 기부했다. 휴즈는 큰 금액을 기부하는 것으로 그의 재단을 시작했다. 이 기부금은 점점 커지고 불어났다. 원금이 보호를 받았기 때문이다. 나는 이들을 집사라고 부른다. 이에 대한 내용은 8장에서 더 자세히 다룰 것이다.

이는 가족끼리도 할 수 있다. 만약 당신이 무한 수입을 만들고 그것을 계속 구축한다면, 그리고 당신의 상속인들이 당신이 사망했을 때 그것을 현금으로 바꾸지 않는다면 그것은 영구적인 자산이 될 것이다. 그 자산은 줄어들지 않을 것이고, 시간이 지남에 따라 계속 불어날 것이다.

통계적으로 볼 때 이는 100만 달러에서 1,000만 달러, 2,000만 달러에서 수억 달러로 바뀔 것이다. 최대한 낙관적으로 생각할 필요가 있다. 정신 나간 소리처럼 들릴 수 있겠지만, 300년 후가 지나면 당신의 노력은 세대를 이어가는 잠재력을 가지게 된다.

Chapter **07**

경제적 구속을
초래하는 행동 세 가지

존과 샐리는 해야 할 모든 일을 했다. 둘 다 좋은 직장에 다녔고, 좋은 가정을 꾸렸고, 겉으로 보면 매우 성공한 사람들이었다. 그들은 집을 구매하기로 결정하고 부동산업자를 만났다. 부동산업자는 그들이 어느 정도 규모의 집을 살 수 있는지 정확히 알아보기 위해 주택담보대출 중개업자에게 바로 데려갔다. 얼마 후 그들은 마을에서 가장 좋은 동네에 있는 근사한 집을 샀다.

그들은 즉시 주택담보대출의 원금을 상환하기 시작했고, 경기 침체가 닥쳤을 때에는 거의 절반 정도를 상환한 상태였다. 샐리는 직장을 잃었지만, 존은 그렇지 않았다. 사실 샐리는 실직해도 그다지 신경 쓰

Chapter **07** | 경제적 구속을 초래하는 행동 세 가지 **153**

지 않았다. 그녀는 아이들과 더 많은 시간을 보내고 싶어 했고 가족들도 꽤 안전하다고 느꼈다. 그들의 이웃들이 압류를 당하기 시작해도 그들은 큰 관심을 기울이지 않았다. 왜냐하면 그들이 지닌 부동산 자산은 엄청나게 컸기 때문이다.

길 맞은편에 사는 이웃이 '주택 판매함'이라는 간판을 내걸자 존과 샐리는 가서 그 이유를 물었다. 이웃은 지출을 감당할 형편이 안 되고, 주택 가격을 초과하는 주택담보대출 금액에 계속 돈을 내는 것은 말이 안 된다고 설명했다. 그래서 존과 샐리는 가장 중요한 질문을 던졌다. "주택 가격이 얼마인가요?" 이에 대한 대답은 충격적이었다. 집값이 생각했던 것보다 훨씬 낮았기 때문이다. 집값은 존과 샐리의 주택담보대출 잔금의 50%에 불과했다.

존과 샐리는 불안해지기 시작했다. 그들은 주택담보 추가 대출이 가능한지 알아보기로 했다. 주택담보대출 중개인에게 물어보니 경기 침체로 인해 금리는 낮아진 상태였다. 그는 집이 자산 가치가 없기 때문에 추가 대출이 불가능하다고 말했다. 알다시피 자산 가치는 주택의 가치에서 부채를 뺀 값이다. 그래서 주택담보대출의 절반이나 갚았음에도 집값이 떨어졌기 때문에 실제로는 자산 가치가 없었던 것이다.

나쁜 소식이 더 있었다. 그들의 주택담보대출 금리는 조정되고 있었고, 실제로 금리 상승이 진행되고 있었다. 존과 샐리가 크게 잘못 생각했던 것은, 집의 자산 가치가 계속 오를 것이기 때문에 아이들을 대학에 보내고 은퇴할 때 사용할 돈이 넉넉할 것이라고 가정해왔다는 것이었다. 그래서 그들은 돈을 저축하기보다는 주택담보대출 상환에 신경을 써왔지만, 이제 그럴 현금이 없어진 것이었다.

샐리는 존을 바라보면서 최소한 아직 실직을 하지는 않았다는 점에 안도의 숨을 내쉬었다. 샐리도 언제든 일을 할 수 있으니까 주택담보대출 상환금이 늘어나더라도 상환을 계속해나갈 수 있을 것이라고 생각했다.

6개월 후 상환금이 늘어나자 마침내 그들도 타격을 입기 시작했다. 샐리는 자신의 모든 경력과 최선의 노력에도 그녀가 사는 지역에는 전만큼 많은 급여를 받을 수 있는 일자리가 없다는 것을 깨달았다. 존과 샐리는 집을 팔고 막대한 주택담보대출의 부담에서 벗어날 수밖에 없었다. 그래서 집을 급매 처분하고 은행에 진 빚을 청산했다. 그들은 집에 투자했던 모든 돈, 추가 비용까지 전부 잃었다. 이후 그들은 집을 잃은 기억이 끔찍했지만, 그렇게 해서라도 빠져나온 것이 차라리 운이 좋았음을 깨달았다.

무한 투자에서의 3대 금기사항

6장에서는 낡은 금융 정보를 새로운 무한 수입으로 변환하는 방법을 배웠다. 이제부터는 미국에서 많은 사람들에게 큰 고통을 안겨준 개인 재무 관리의 몇 가지 실태를 집중적으로 살펴볼 것이다. 경제적으로 구속을 초래하는 행동은 크게 세 가지다. 이 장에서는 백발백중 돈을 잃는 행동에 대해 알아보고자 한다. 또한 이러한 행동을 피하는 방법도 알려줄 것이다.

5장에서 소득, 경비, 자산, 부채의 계산에 대해 배운 지식을 토대로 출발할 것이다. 이러한 요소들이 어떻게 상호작용하는지 살펴보고, 사람들이 이것들에 대한 기능을 오해할 때 흔히 저지르는 가장 큰 실수가 무엇인지 알아보자.

사람들이 흔히 저지르는 경제적 실수는 크게 세 가지다. 나는 '이를 무한 투자에서의 3대 금기사항'이라고 부른다. 이를 검토하고 손익계산서와 대차대조표가 어떻게 상호작용하는지 살펴보자. 이는 모두 현금 흐름에 관한 것이다.

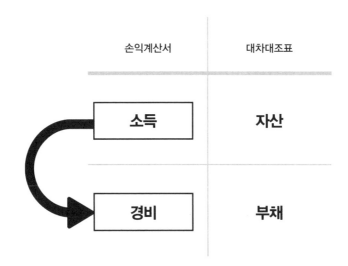

예를 들어 일하고 비용을 쓴 다음 자산으로 투입할 잉여 자금이 없다면 이를 보여주는 현금 흐름이 나타날 것이다.

이는 꽤 간단해 보이지만, 우리의 경제 생활은 그리 간단하지 않다. 빠지기 쉬운 함정이 몇 가지 도사리고 있기 때문이다. 첫 번째 금기사항은 부채로 경비를 지출하지 말라는 것이다. 가령 신용카드로 집세를 내면 안 된다. 그러면 경비를 지출하기 위한 부채가 생기게 되는데, 이는 나중에 분명히 문제가 되기 때문이다.

무한 투자 금기사항 1: 부채로 경비를 지출하지 마라!

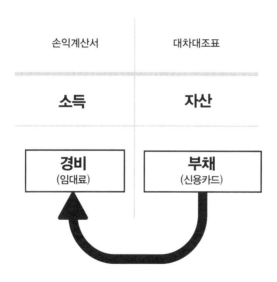

"선택의 여지가 없다."고 말하는 사람도 있을 것이다. 당신에게는 항상 선택권이 있다. 비용을 줄이고, 수치를 낮춰야 한다. 부채로 경비를 내야 하는 일이 생기지 않도록 뼈 빠지게 일해야 한다. 아무튼 부채로 경비를 내는 것은 무조건 안 된다. 유일한 예외는 당신이 대학생이고, 검증된 높은 시장가치를 지닌 공학자, 전문가 또는 다른 학위 과정을 밟는 경우다.

예를 들어 치의학이라면 초봉과 평균 급여를 확인하고 이 데이터를 사용하여 합리적인 계산을 실행할 수 있다. 역사학, 철학, 영문학 또는 이와 비슷한 학위들은 데이터를 추적하기 어렵고 평균 연봉 가치가 낮다.

일반적으로 영문학 전공자의 초기 임금은 시간당 15~19달러가 될 것이다. 이런 학위 과정에 있는 사람은 상당한 부채를 발생시키면 안 된다. 작은 규모의 빚이라면 또 모르겠지만 말이다. 하지만 당신이 경제활동을 할 수 있는 성인이고 정규직으로 일하고 있다면 절대로, 절대로, 절대로 부채로 경비를 지출해서는 안 된다.

무한 투자 금기사항 2: 수입으로 부채를 사지 마라!

경제적으로 가능하다고 해도 무언가를 사고 싶은 유혹을 참아야 한다. 처음 집을 사는 사람들은 종종 자신이 생각보다 큰 집을 살 능력이 된다는 점에 놀란다. 그렇다고 그것을 감당할 수 있다는 뜻은 아니다. 이는 종종 고통의 시작이 된다.

부동산 중개인은 더 비싼 집을 팔려고 할 것이다. 수수료를 더 많이 벌기 때문이다. 은행은 대출이자로 돈을 벌기 위해 최대한도로 대

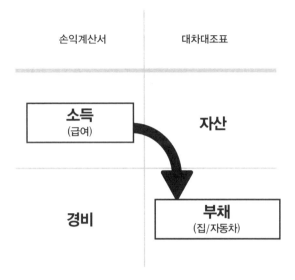

손익계산서	대차대조표
소득 (급여)	**자산**
경비	**부채** (집/자동차)

출을 해주고자 할 것이다. 카드사들은 당신이 카드로 물건을 구매하고 한도가 많은 카드를 들고 다니는 것을 좋아한다. 가구점 영업사원은 각 방에 맞는 새 가구를 당신에게 팔고 싶어 할 것이다. 이 같은 시나리오의 결과, 당신은 결국 경제적으로 구속되고 만다. 마치 대출자들 모두가 '당신을 노예로 만들어 돈을 벌 수 없는지 보자.'라고 생각하는 것 같다.

수입으로 부채를 사면 안 된다. 수입으로 자산을 사야 한다. 자산이 충분하면 구매를 늘릴 수 있지만, 그전에는 그렇게 하면 안 된다. 이는 모노폴리 게임과 같다. 처음 몇 번은 나중에 수입을 창출할 자산을 구입해야 한다. 당신이 원하는 물건이 있다고 해서 흥청망청 소비할 때가 아니다.

자동차대출이 꽤 안전하다고 생각하겠지만, 무한 수입 금기사항의 세 번째는 부채를 가지고 부채를 사면 안 된다는 것이다. 대출을 받아서 차를 구입하는 사람이 꽤 많지만 그렇게 하면 안 된다. 차를 사려면 그 비용을 지불할 자산이 있어야 한다.

무한 투자 금기사항 3: 부채로 부채를 사지 마라!

손익계산서	대차대조표
소득	**자산**
경비	**부채** (집/자동차) (신용카드)

예를 들어 한 달에 500달러의 현금 흐름을 창출하는 임대 주택이 있을 경우에는 한 달에 500달러의 비용이 드는 자동차대출을 받아도 괜찮다. 추가 비용을 부담하지 않아도 되기 때문이다. 그 비용을 자산으로 벌어서 충당하는 것은 괜찮다.

보트, 레저용 차량RV, 또는 필요한 것이 아닌 원하는 것들에 대해서도 마찬가지다. 심지어 집도 마찬가지다. 좀 더 명확히 말하자면 필요한 것에도 적정한 비용이 존재한다.

예를 들어 교통수단으로 사용할 차량은 필요하지만, 벤틀리가 필요한 것은 아니다. 당신에게 적정한 비용의 교통수단은 저가의 차량일 것이다. 그 밖의 다른 것은 전부 원하는 것이다. 무슨 일을 하든 원하는 것을 사기 위해 대출을 받으면 안 된다. 대출을 받아서 원하는 것을 사지 마라.

현실적인 사례를 살펴보자. 당신이 적당한 동네에 있는 적당한 집을 월세 1,500달러에 빌릴 수 있다면 이는 집을 사기 위한 예산의 역할도 해야 한다. 이는 주택담보대출 상환은 물론 보험, 이자, 관리비 그리고 주택 유지에 들어가는 다른 모든 추가 비용이기도 하다. 이 모든 것은 원하는 것이다. 이를 지불하기 위해 대출을 받는 것은 피해야 한다. 당신이 해야 할 일은 적당한 동네에서 적당한 집을 빌려 저축할 수 있는 여분의 돈을 가지고 자산을 모으는 것이다. 그 자산이 증가할수록 거기서 나오는 현금 흐름으로 부채를 매입할 능력이 커진다. 그 시점에는 부채를 얻을 수도 있겠지만, 당신은 그 비용을 지불하지 않아도 된다. 자산이 비용을 지불할 것이기 때문이다.

부채는 고통과 괴로움으로 가는 지름길!

나는 수년간 '패배의 올가미'에 관한 이야기를 활용해 무한 투자의 법칙을 가르쳐왔다. 하지만 이러한 패배의 올가미는 국가적인 위기와 비슷한 수준으로 전개되었다. 부자들은 점점 더 부유해지고 있고, 중산층은 점점 더 줄어들고 있다. 우리도 그렇게 되고 있다. 이는 오직 정직한 평가와 의도적인 회피로만 물리칠 수 있다. 이는 극심한 경쟁, 다람쥐 쳇바퀴 돌리기 또는 황금 우리와 같다. 뭐라고 부르든 간에, 많은 사람들이 자신이 경제적 구속이라는 심연에 빠져 있음을 깨닫고 있다. 하지만 이를 피하는 일은 어렵지 않다.

무한 투자의 금기사항을 위반하면 패배의 올가미에 걸려든다. 이를 간단히 설명하겠다. 패배의 올가미는, 부채를 갚기 위해 일하고 있지만 경비를 쓰고 부채를 갚을 만큼의 수입이 충분하지 않은 경우다. 그 결과, 경비를 지불하기 위해 더 많은 부채를 지게 된다. 부채는 늘어나고, 자산은 없으며, 순자산은 점점 더 적자 폭이 커진다. 결국 아무도 당신을 신뢰하지 않을 것이고, 당신은 파산 상태가 되거나 길거리의 노숙자로 전락하는 신세가 될 것이다. 이는 누구에게나 일어날 수 있는 일이다.

당신이 대출을 받아서 자동차를 사고, 주택담보대출을 통해 집을 사고, 학자금대출을 받아서 학위를 따고, 또는 신용카드로 고급 가구를 구입한다면 당신은 패배의 올가미에 들어가게 된다. 이는 엄청난 고통으로 가는 지름길이다. 사람들의 건강, 결혼 그리고 때로는 생명까지 희생시킨다. 못 믿겠는가? 미국에서는 부유한 사람이 가난한 사람보다 평균적으로 12년을 더 오래 산다.[5]

이 패배의 올가미가 야기하는 문제는 아무리 뼈 빠지게 일해도 점점 더 많은 부채를 지게 될 뿐이라는 점이다. 당신은 물 양동이를 들고 다니며 신용카드 청구서, 주택담보대출, 학자금대출, 부동산 세금, 자동차대출금 등을 지불하고 있는 것이다. 신용카드로 최소 금액만 계속 사고 결제한다고 해도 남는 것은 하나도 없다. 그리고 남는 게 없어지면 대차대조표 규모는 매월 더 커진다. 다시 말해 씀씀이가 늘어나는 것이다.

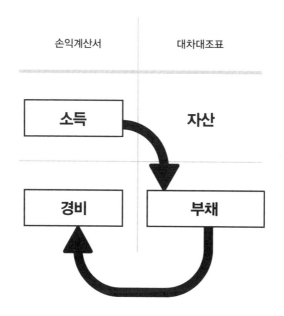

당신은 "난 그런 짓 안 해요."라고 말할지도 모른다. 경제적 혼란을 겪고 있는 이들도 자신에게는 이러한 부채가 없다고 확신한다. 하지만 그

---

5) 미국에서의 죽음의 큰 불평등, 〈뉴 리퍼블릭〉, 로지 카르마, 2019. 5. 10.

들이 사는 자산이 바로 이러한 자산이다. 그들은 결국 무일푼이 된다.

실제로 일시적인 기억상실증에 걸려 부채가 있다는 것을 잊어버리는 경우가 많다. "아차, 학자금대출을 깜빡했어요. 자동차대출금을 생각 못 했네요. 금액이 적어서 말이죠. 신용카드는 생각도 못 했어요. 한도액이 정말 작거든요." 이렇게 말하는 것이다. 이는 모두 헛소리다.

자신에게 잔인할 정도로 솔직해지고 모든 것을 따져봐야 한다. 그렇게 하지 않는 것은 고통과 고난을 야기하는 일이다. 이것이 이혼의 원인이다. 이것이 건강상의 문제를 일으킨다. 이것이 삶의 희망을 잃게 하는 원인이다. 이것이 술과 약물 남용, 자살 등 많은 문제를 야기하는 원인이다. 이는 모두 패배의 올가미의 악순환이 초래한 희망의 결핍에서 비롯된 것이다.

만약 당신이 경비를 지불할 수 없는 이 함정에 빠져 있다면 당신은 부채를 발생시켜 경비를 지불하고 있는 것이다. 당신은 다른 사람의 부를 위해 일하고 있다는 기분이 들 것이며, 경제적으로 구속되어 있다는 느낌을 받을 것이다. 나는 당신이 이 같은 역병을 피했으면 한다. 그렇게 하기 위해서는 무한 투자를 방해하는 다음의 3대 금기사항을 피해야 한다.

- **부채로 경비를 지불하면 안 된다. 무조건 안 된다.**
- **수입으로 부채를 구입하면 안 된다. 무조건 안 된다. 부채를 사려면 자산으로 사라.**

• 부채로 부채를 구입하면 안 된다. 무조건 안 된다.

이렇게 하면 패배의 올가미를 피할 수 있다. 이는 고통과 괴로움에 불과하다. 이 말이 쓸데없는 잔소리처럼 들리면 이대로 하지 않아도 좋다.

Chapter 08

자유를 가져다주는
해방의 열쇠 세 가지

찰리는 어느 날 퇴근길에 차를 몰고 귀가하면서 라디오를 듣고 있었다. 라디오에서는 금융전문가인 진행자가 청취자들에게 고급 차를 사지 말고 작은 집에서 살며 은퇴 생활에 대비해 최대한 많이 저축하라고 말하고 있었다. 그에게 전화를 건 사람들은 좋은 물건을 사고 싶다고 말했다가 호되게 야단을 맞기도 했다. 진행자는 좋은 물건은 필요하지 않다고 말했다.

찰리는 생각했다. '좋아하는 것을 갖고 싶다는 게 뭐가 나쁘다는 거야? 분에 넘치는 행동은 바람직하지 않지만, 감당할 수 있으면 멋진 차를 타는 것도 나쁘진 않아.' 그는 라디오를 끄고 집으로 향했다.

며칠 후 찰리와 그의 아내는 많은 사람들이 모인 파티에 참석했다. 찰리가 이 파티에서 본 친구들은 멋진 차를 타며 늘 행복하고 성공한 사람처럼 보였다. 그가 라디오에서 들은 내용을 전하자 한 친구는 말했다. "그 진행자는 멋진 차를 타는 게 돈 낭비라고 생각했기 때문에 그런 차를 사지 말라고 했을 거야. 큰 집이 지나치다고 생각한다면 아무도 그런 집에서 살면 안 되고, 좋은 것을 갖는 게 지나치다고 생각한다면 아무도 좋은 것을 가지면 안 되겠지. 그렇다면 이 세상은 참으로 살기 끔찍할 거야."

찰리는 그 친구에게 라디오 진행자가 말하려는 진짜 요점이 무엇이라고 생각하는지 물었다. 그러자 그는 모든 사람들이 자신의 경제 사정을 다른 사람의 경제 사정과 비교하는 습관에 젖어 있다고 말했다. 그는 이렇게 설명했다. "자기가 그런 물건들이 감당이 안 되니까 다른 사람들에게도 과도하다고 믿는 거야."

친구의 말을 듣고 곰곰이 생각해본 결과, 찰리가 내린 결론은 이러했다. 페라리가 너무 비싸다고 생각하기 때문에 다른 사람이 페라리를 사고 싶어 하는 이유를 절대로 이해하지 못하는 사람들이 있다. 그 라디오 진행자는 페라리를 사려면 엄청나게 열심히 일해야 하지만, 그렇게 일해서 번 돈으로도 살 만한 가치가 없다고 보기 때문에 아무도 페라리를 사서는 안 된다고 말하는 것이다.

찰리는 그다음 주에도 내내 이 문제를 생각했고 휴대전화, 신발, 옷 그리고 재량재(없어도 생활에 지장이 없는 물건 - 옮긴이 주)에 대한 구매라면 무엇이든 마찬가지일 수 있음을 깨달았다. 음식은 어떨까? 고급 레스토랑도 다시는 가면 안 되는 것일까?

며칠 후 찰리는 운전 중 또다시 같은 라디오 진행자의 방송을 들었다. 진행자는 어떤 출연자에게 돈을 아끼려면 매일 저녁 마카로니와 치즈만 먹어야 한다고 말했다. 그 말을 듣는 순간 찰리는 다시는 그 방송을 듣지 않겠다고 다짐했다.

돈을 창출하는 자산을 만들어라

찰리와 같은 일은 미국에서 매일같이 일어난다. 많은 사람들이 자신이 불행하다고 생각한다. 이들은 누군가에게 자신이 처한 곤경을 말하며 부정적이거나 불공평하다고 믿는 시스템에 대해 불평함으로써 자신이 얼마나 불행한지 늘어놓는다. 나는 이런 사람들을 '게'라고 부른다. 본능적으로 다른 사람들까지 물고 늘어지기 때문이다.

게를 잡아보면 게들이 양동이에서 탈출하기 위해 서로 협력하는 것을 거부한다는 것을 알 수 있다. 사실 게들은 정반대로 행동한다. 한 녀석이 탈출하려고 하면 다른 녀석이 끌어당겨 못 나가게 하는 것이다. 사람들도 게처럼 모두 불행에서 탈출하지 못한다. 다시 말해 다른 사람들이 꿈을 추구하는 것을 방해하는 비뚤어진 심보를 통해 즐거움을 얻는 것이다.

당신이 증시 투자에 관심을 보인다면 게는 당신에게 돈을 모두 잃게 될 거라고 말할 것이다. 이는 공갈에 불과하다. 창업에 관심을 나타내면 게는 사업에 뛰어드는 사람의 90%는 첫해에 망한다고 말할 것이다. 부동산 투자에 관심을 드러내면 게는 경기 침체가 오면 부동산 시장이 폭락해 전 재산을 날릴 거라고 말할 것이다.

무슨 말인지 이해가 될 것이다. 게는 빠르게 다른 사람들을 낙담시킨다. 그들의 말은 거의 100% 틀린 것이다. 그들은 욕심 많은 사람만 좋은 차를 타고 다닌다고 말할 사람들이다. 이기적인 사람만 멋진 집을 소유한다고 말할 것이다. 그들은 당신에게 자기 견해를 강요하고, 자신의 경험이 당신을 도우는 '신의 지혜'라고 주장할 것이다. 하지만 실제로는 자신의 고통을 나누려는 것이다. 불행은 쉽게 전파되기 때문이다. 그들은 당신을 양동이에 가둬둘 수 있다면 자신이 양동이에 갇히는 것을 그다지 기분 나빠하지 않을 사람들이다.

사실 양동이에서 탈출하는 것은 어려운 일이 아니다. 특히 다른 사람들의 도움을 받는다면 더 쉽다. 만약 당신이 게이고 양동이에 갇혔다면 당신은 누구에게 양동이를 탈출할 방법을 물어보겠는가? 양동이에 갇혀 있는 게인가, 아니면 양동이를 탈출한 게인가? 당연히 탈출한 게에게 물어볼 것이다.

불행하게도 요즘 사람들은 대부분 양동이에서 살고 있으며, 다른 사람들이 탈출하려는 것을 그냥 두고 보지 못한다. 양동이에서 탈출하고 싶다면 갇혀 있는 사람들의 충고를 들으면 안 된다. 탈출한 사람들의 충고를 듣고 다른 사람들이 탈출하는 것도 매일 도와줘야 한다.

양동이를 탈출한 사람으로서 나는 멋진 것들에 대해 이렇게 생각하라고 조언하고 싶다. 좋은 것을 즐기는 것은 괜찮지만, 그런 것들을 위해 열심히 일해야 하는 것은 아니라고 말이다. 그 대신 좋아하는 것을 살 수 있는 충분한 돈을 만들어내는 자산을 구입해야 한다. 페라리를 구매하기 위해 일하면 안 된다. 페라리를 살 수 있는 수입을 만들어내기 위해 일해야 한다. 그러한 자산으로 페라리를 산다면 원하는 만큼의 페라리를 살 수 있다. 당신은 이제 페라리를 사는 것이 아니라 페라리를 살 돈을 창출하는 자산을 사야 한다.

좋은 것을 즐기는 것은 괜찮지만,

그런 것들을 위해 열심히 일하지는 마라.

그 대신 좋아하는 것을 살 수 있는

충분한 돈을 만들어낼 자산을 구입하라.

이는 기업의 경영자들이 멋진 사무실, 멋진 회사 차량, 멋진 회사 전용기를 구매하는 것과 다를 바 없다. 미국의 경제계에서는 구매의 이유가 더 큰 수익을 창출하기 위한 동기에서 비롯된 것이라면 괜찮은 것으로 간주된다. 하지만 개인이 좋은 것을 갖는 것은 종종 죄악으로 간주된다. 당신의 자산 사용을 평가하려는 것이 아니다. 내 말의 요점

은 당신의 노동력을 좋은 차를 사는 데 사용해서는 안 된다는 것이다. 주택담보대출금을 갚는 데 당신의 노동력을 사용해서는 안 된다.

멋진 물건을 살 수 있게 해주는 자산을 구입해야 한다. 그러면 주택담보대출 금액이나 자동차대출 금액 따위는 그리 중요하지 않게 된다. 당신이 그것을 위해 일하는 것이 아니기 때문이다. 누군가 당신에게 다가와 "멋진 메르세데스 벤츠를 당신에게 선물하고 싶어요. 모든 공과금은 내가 낼게요. 세금도 내가 낼게요."라고 말한다면 당신은 싫다고 말할 것인가, 아니면 그냥 고맙다고 할 것인가?

돈을 받지 않고 일하고 있는데 누군가 "우리한테 법인 차량이 있는데 정말 좋은 차야. 왜냐하면 회사가 아주 싸게 주고 샀는데, 그 차를 우리에게 주려고 하거든."이라고 말한다면 어떨까? 당신은 그 차를 운전하는 것을 거부하겠는가? 다시 말해 거부감이 드는 것이 자동차인가, 아니면 차량 가격인가?

법인 차량에 반감이 없는 사람이라면 얼마든지 타도 괜찮다. 당신이 돈을 내는 것이 아니라면 가격은 중요하지 않기 때문이다. 자산(가령 임대용 부동산 등)으로 자동차의 리스 또는 구매 비용을 지불하는 경우라면 계속 진행해도 된다. 당신이 자산에서 나온 수입을 저축하고 그 돈으로 자동차 구매 비용을 지불하는 것이라면 이는 당신의 노동력이 비용을 지불하는 것이 아니다. 이는 훨씬 더 바람직한 상황이다.

페라리를 절대 원하지 않는 사람도 있을 것이다. 또한 이렇게 말하는 사람도 있을 것이다. "나도 페라리를 원하지는 않아. 트럭을 타는

게 훨씬 편하니까." 하지만 나는 내 고객에게 트럭을 사야 한다고 말하지는 않더라도 페라리를 사지는 말라고 말할 것이다. 나는 다만 이렇게 말할 것이다. "당신이 사고 싶은 것이 있다면 그 비용을 지불할 자산이 있는지 먼저 확인해보세요."

나는 큰 집에서 살지 말고 작은 집에서 살라고 말하지도 않을 것이다. 나는 이렇게 말할 것이다. "큰 집에 살고 싶다면 그 비용을 감당할 자산이 있는지 확인해보세요." 이는 사고방식을 바꾸는 것뿐이지만, 이를 통해 모든 것이 달라진다. 게다가 막상 당신이 원하는 물건을 마음껏 구매할 자산 능력을 갖추게 되면 그것들을 사고 싶은 욕망은 줄어든다.

무한 투자를 위해 설정한 규칙을 따르면 당신은 다시는 근사한 물건을 사기 위해 일할 걱정을 하지 않아도 될 것이다. 당신의 물건 구매가 올바른 순서로 이루어질 것이기 때문이다. 이는 아침에 일어나 옷을 입는 것과 다를 바 없다. 만약 당신이 먼저 샤워를 하고, 몸을 말리고, 옷을 입는 습관이 있다면 이는 아주 간단해 보인다. 하지만 만약 순서를 바꿔서 먼저 옷을 입고, 몸을 말리고, 샤워를 한다면 당신은 온통 젖게 될 것이다. 하는 일에 순서를 정하는 것은 반드시 필요하다.

경제에서 작동하는 것이 바로 이러한 방식이다. 무한 투자의 경우에는 특히 더 정확하게 작동한다. 현명한 사람은 자산을 사서 여기서 창출되는 수입으로 필요한 경비를 쓰고 부채도 갚는다. 올바른 순서를 따르는 사람들에게는 이것이 간단하고 쉬워 보일 것이다. 순서를 뒤집어서 부채를 먼저 구입하고 수입으로 경비를 지불한 다음 남는 돈으로 자산을 구입하려고 하면 자산을 구입할 돈이 남아 있지 않게 된다. 온통 물에 젖어버리는 것이다. 올바른 순서를 이해하고 규칙을 따르는 것은 중요할 뿐만 아니라 쉬운 일이기도 하다. 아침에 옷을 입는 것만큼이나 쉽다.

현명한 사람은 자산을 사서 여기서 창출되는 수입으로
필요한 경비를 쓰고 부채도 갚는다.

규칙 1: 소득으로 자산을 사라

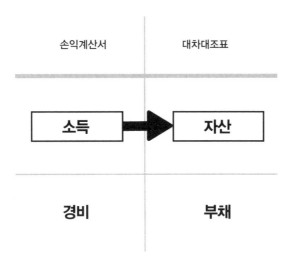

먼저 우리는 규칙 1을 따라야 한다. 이 규칙은 아주 간단하다. 수입으로 자산을 사야 한다는 것이다. 즉, 수입을 당신이 먹고사는 문제를 해결해주는 자산을 사는 데 사용하라는 것이다. "난 비싼 자산을 살 형편이 안 돼."라고 말하는 사람은, 내가 지금 당장 나가서 임대용 부동산을 사야 한다고 말할 것이라고 생각하기 때문에 그렇게 말하는 것이다. "난 내 경비를 감당하기에도 빠듯해. 누구에게도 돈을 빌릴 형편이 아니라고." 이렇게 말하는 사람도 있을 수 있다. 내 말은 아주 작은 것부터 시작하라는 것이다.

처음에는 주식 몇 개만 사면 된다. 예를 들어 온라인 주식 거래 플랫폼 '로빈후드'에서는 수수료 없이 거래할 계좌를 개설할 수 있다. 개인정보 입력까지 약 15분 정도 소요된다. 계좌 승인이 이루어지는 데에는 며칠이 걸리며, 승인이 떨어지면 당신은 그 즉시 배당금을 주는 주식을 살 수 있다. 배당금을 주는 주식을 사면 자산이 생긴다. 그러면 이제 당신은 규칙 1을 따르게 되는 것이다. 수입을 자산을 구매하는 데 사용하고 있기 때문이다.

아직도 이렇게 말하는 사람이 있을지도 모르겠다. "잠깐만, 난 이 모든 비용을 감당할 수 있어." 그런 사람은 문제될 것이 없다. 그런 경우에는 잉여 수입을 활용하면 된다. 당신이 지출하지 않고 모아둔 돈의 일부를 수입을 창출하는 자산에 투자하면 되는 것이다. 다시 말해 수입을 창출하는 자산 포트폴리오의 구축을 시작할 수 있다. 이러한 포트폴리오를 구축하면 결국 비용을 회수할 수 있다.

처음에는 돈을 모으는 단계에 있을 것이다. 그런 다음 이 돈을 이 자산을 구매하는 데 투자하게 될 것이다. 또한 자산이 벌어주는 수입으로 계속 자산을 구매할 수도 있다. 기반이 되는 자산을 마련할 때까지는 계속 자산을 늘려야 하지만, 우선 첫 번째 단계에서는 수입을 부채가 아닌 다른 자산을 구매하는 데 쓰겠다는 규칙을 반드시 지켜야 한다.

규칙 2: 자산을 이용해 경비를 지불하라

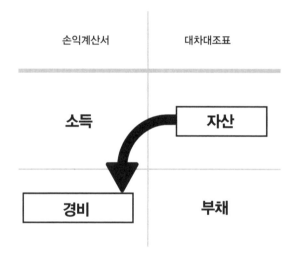

규칙 2는 자산을 활용해 지출을 하라는 것이다. 이용할 수 있는 자산에는 임대료, 저작권료, 이자, 주식 배당금, 단기 시세차익 등이 포함된다. 자산을 사용하여 필요한 것(필수재)과 원하는 것(재량재)을 충족할 수 있다. 여기가 당신이 원하는 것이 무엇인지 구체적으로 살펴봐야 할 지점이다. 한 가지 예외만 제외하면 나는 당신에게 생활습관을 바꾸라고 말하지 않을 것이다. 이미 패배의 올가미에 걸려 있는 경우라면 무한 투자의 법칙이 작동하도록 생활습관을 바꿔야 한다. 하지만 패배의 올가미에 빠져 있지 않다면 당신에게는 조금 더 많은 자유가 허용된다.

스타벅스에 가지 말라는 것이 아니다. 다만 아주 현명하게 자산 기반을 구축하는 것을 최우선 과제로 삼아야 한다. 그렇게 하지 않고 비싼 재량재(부채)에 돈을 쓴다면 나중에 '그건 돈 낭비였어. 그 돈을 자산으로 전환했어야 했는데.'라고 후회할 것이다. 경비를 충당할 수 있는 충분한 자산을 구축하는 데 가까워지면 이 말이 사실임을 더욱 실감하게 될 것이다.

특히 가족이 있는 경우 시간이 지날수록 재량재와 필수재에 대한 욕구가 커지는 경향이 있으므로 이 단계는 가장 오랜 시간이 걸릴 수 있다. 하지만 규칙 1을 지키고 자산에 계속 투자한다면 자산이 계속 증가하며, 자산 증가 속도가 지출 증가 속도보다 빨라지는 경우가 많다. 동기부여가 되도록 먹고살기 위해서가 아니라 정말로 좋아서 자발적으로 일하게 되는 날을 생각해보라. 주식과 부동산 포트폴리오에서 들어오는 수입이 충분해져 모든 필수재를 충족할 수 있게 되는 날을 말이다. 이때가 되면 당신은 자신이 좋아하는 일만 골라서 하게 될 것이다.

규칙 3: 자산을 이용해 부채를 갚아라

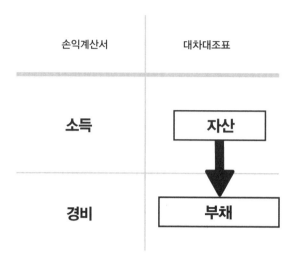

규칙 3은 자산을 이용해 부채를 갚으라는 것이다. 당신이 마세라티를 몰겠다면 그것을 사지 말라고 말하지는 않을 것이다. 무한 투자의 법칙에 따르면, 이런 차를 살 돈을 지불하려면 수입을 창출하는 자산이 필요하다. 큰 집을 갖고 싶다면 자산에서 나오는 돈으로 주택담보대출 상환금을 지불할 수 있도록 만들면 된다. 당신의 자산이 대출금이나 임대료를 지불하도록 만들어야 한다.

당신이 원하는 것을 못 가지게 하려는 것이 아니다. 온종일 양동이를 들고 마을의 샘터로 갈 필요가 없는 경우라면 말이다. 경비를 지불할 돈이 들어오는 파이프라인을 구축해야 한다. 이렇게 하면 물이 저절로 흘러들어온다. 이 규칙을 따르면 월별, 분기별 또는 연간 단위로 유입되는 자금이 생성된다. 큰 집을 살 때 이 자금을 쓰면 된다. 이 자금으로 큰 집을 사는 것이다. 한번 실행해보기 바란다. 자산을 이용해 큰 차를 사고 싶은가? 한번 그렇게 해보라. 그 파이프라인으로 물이 충분히 들어와 수입에서 물값을 내지 않고 자산이 그것을 지불하게 될 것이다.

아직 무한 수입이 창출되는 수준에 도달하지 않았다면 자산에서 충분한 자금이 나올 때까지 자산을 계속 축적해야 한다. 상위 2% 부자들이 어떻게 돈을 사용하는지를 살펴보면(그리고 당신이 그런 돈을 벌면 세금을 두드려 맞는다는 것을 잊지 마라), 그들은 돈을 버는 즉시 무한 수입을 창출하는 자산을 구입하는 데 투자한다. 그들은 임대용 부동산에서는 감가상각 때문에 버는 돈 전체에 세금을 내지 않아도 된다는 것을 알고 있다. 수입의 대부분을 임대용 부동산을 매입하는 경비로 처리하기 때문에 세금을 내지 않아도 되는 것이다. 이는 다음과 같은 원리다.

양동이로 물을 길어 날라 1달러를 벌면 평균 30센트의 세금을 내야 하므로 1달러당 70센트의 수입을 얻을 것이다. 직원들은 돈을 벌면 먼저 세금을 내고 남은 돈을 지출하는 데 쓴다. 하지만 파이프라인을 통해 1달러를 벌면 세금으로 내야 할 돈을 가질 수 있다. 기업과 투자자는 돈을 벌면 먼저 그 돈을 자산을 구입하는 경비로 쓰고 나서 남은 돈에 대해서만 세금을 내기 때문이다.

대부분 투자로 납부하게 되는 세금은 근로소득을 통해 납부하는 세금의 일부다. 예를 들어 1년에 4만 달러를 벌면 연방 세율이 12%까지 높아진다. 주식 배당금으로 똑같이 4만 달러를 벌면 세금이 전혀 없다. 따라서 돈을 버는 것보다 투자를 할 때 구매력이 더 높아진다.

자산을 구축하는 길을 따라가다 보면 갑자기 돈이 크게 불어나는 시점을 만나게 된다. 이는 급여나 임금이 많아지는 만큼 세금이 많이 부과되지는 않기 때문이다. 당신은 이렇게 늘어나는 자산으로 경비를 지불하게 된다. 또한 이 자산으로 모든 부채에 대한 이자 비용을 지불하면서 자산을 활용하게 된다. 즉, 자산으로 부채(가령 신용카드 대금 또는 대출)를 해결하고 그 돈을 사용해 복합적으로 늘어나는 자산을 더 많이 구입해 자산의 지속적인 성장을 촉구하는 것이다.

여기서 중요한 것은, 수익을 계산하고 부채를 끌어다가 자산 매입에 나서는 투자 전략인 레버리지leverage를 사용할 경우 수익률이 플러스(+)인지 확인해야 한다는 것이다. 이는 대단히 효과적인 방법이지만, 만약 수익을 창출하는 것보다 부채 비용을 더 많이 지불하고 있다면 손해를 입을 수 있다. 따라서 현금 흐름 자산을 구입할 때에는 레버리지의 힘을 항상 계산하되, 절대로 주의를 게을리하면 안 된다.

세대를 잇는 200년 계획

복합 효과가 일어나면 서서히 증가하던 자산이 모멘텀을 얻어 급성장한다. 이를 '기하급수적 성장'이라고 하며, 복합적인 자산 증가와 함께 항상 발생한다.

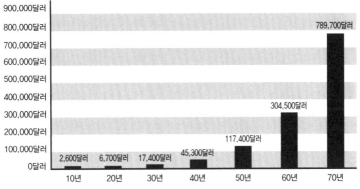

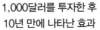

1,000달러를 투자한 후
10년 만에 나타난 효과

1,000달러에 대한 10%의 복합 증가 효과

자산을 오래 보유할수록 복합 효과는 커진다. 따라서 자산을 최대한 오래 보유하는 것이 이치에 맞는다. 많은 가족이 안고 있는 문제는 복합 자산의 세대 간 이전이 어렵다는 점이다. 예를 들어 부모는 오로지 저축만 하며 가파른 복합화를 통해 자산을 만드는 경로를 구축한다. 가치는 상승하고, 부모는 자산을 보유하다가 어느 순간 세상을 떠난다.

일반적으로 한 세대는 30년 정도다. 부모가 사망하면 대개 상속자들은 물려받은 자산을 매각한다. 그러면 자산의 급성장은 중단될 뿐만 아니라 지출로 바뀌게 된다. 부모의 자산을 매각하는 것은 그들이 모은 자산의 가치를 고갈시키는 짓이다. 매각된 자산은 흥청망청 지출되는 경우가 많다. 이렇게 해서 자산은 일반적으로 최대한의 성장 단계에 도달하지 못한다. 부모가 일찍부터 자산 구축을 시작했거나 상속인들이 자산을 매각하지 않는다면 자산은 최대의 성장 단계에 도달할 수 있다. 이는 바람직한 재산 관리 방식이다.

재산을 고갈시키지 않고, 가파르게 성장시키며, 자산이라는 수입원을 가져다주는 좋은 방법이 있다. 나는 이를 '200년 계획'이라고 부른다. 이 계획은 어떤 것으로 시작하든 충분한 시간만 주어진다면 복합 효과를 통해 반드시 기하급수적인 성장이 이루어진다는 생각에 초점을 맞추고 있다. 충분히 긴 시간 동안 단 한 푼으로도 수백만 달러를 만드는 일이다. 단지 시간이 필요할 뿐이다. 따라서 세대를 잇는 부를 창출하는 데 필요한 것은 도토리와 나무처럼 자산과 시간뿐이다.

당신은 지금 인생이라는 모노폴리 게임을 하고 있다. 가장 먼저 해야 할 일은 자산을 구매하는 것이다. 처음 게임판을 몇 바퀴 돌 때에는 임대 건물을 사는 데 돈을 쓰게 된다. 임대 건물이 충분해지면 호텔을 세우거나 모노폴리가 플레이어에게 제공하는 다른 자산을 거래하기 시작한다. 현실에서는 100달러도 안 되는 돈으로 살 수 있는 배당금을 만들어주는 주식으로 당장 이러한 일을 시작할 수 있다. 내일 당장 한 주를 사고 싶다면 로빈후드에서 수수료 없이 살 수 있다. 당신은 수입원을 창출하고 그 자금으로 경비를 지출하기 위해 즉시 이러한 일들을 시작할 수 있다.

그러면 주택담보대출, 자동차대출, 학자금대출 또는 고금리 신용카드의 비용을 지불하기 위해 뼈 빠지게 일하기보다는 이러한 경비들을 지불할 충분한 수입을 창출하는 자산을 가지게 된다. 자산을 사용해 부채를 구매한 다음 더 많은 자산을 구입하기 위해 열심히 일하게 된다. 이것이 부유한 사람들이 하는 일이다. 이들 상위 2%는 소득을 챙기면서 동시에 자산을 사들이고 있다. 그런 다음 경비를 지불하고 부채를 갚는 데 그 자산을 이용한다.

앞에서 '주택담보대출, 자동차대출, 학자금대출을 갚기 위해 뼈 빠지게 일한다'는 문장을 '아파트를 사기 위해 뼈 빠지게 일한다'로 바꿔보자. 이 두 문장의 차이가 보이는가?

한 경우는 당신이 다른 사람에게 돈을 지불하기 위해 일하고 있는 것이다. 다른 경우는 당신이 자신의 이익을 위해 일하고 있는 것이다. 이를 표현하는 또 다른 방법은 다음과 같다. '조던은 대출금을 갚을 만큼 충분한 돈을 벌기 위해 1년 동안 두 가지 일을 했다.' 조던에 대해 어떤 생각이 드는가?

이제 다음 문장을 살펴보자. '조던은 1년 동안 두 개의 일을 하며 증권 계좌에 100만 달러를 달성했고, 이를 통해 더 이상 일하지 않아도 될 만큼의 배당금을 받게 되었다.' 느낌이 다르지 않은가? 조던은 두 경우 모두 뼈 빠지게 일하고 있지만, 두 번째 문장에서는 그에게 느껴졌던 안쓰러움이 부러움으로 바뀌게 된다. 첫 번째 문장에서는 조던이 자유를 얻은 것이 보이는 두 번째 문장과 비교해볼 때 그가 노예 상태에 처해 있음을 알 수 있다. 인간으로서 우리는 모두 자유로워지기 위해 노력하며, 본능적으로 노예 상태와 자유의 차이를 알고 있다. 무한 투자가 하는 일은 당신에게 감옥을 탈출할 열쇠를 주는 것뿐이다.

지금이 시작하기에 가장 좋은 때다

더 이상 자세히 알려줄 수는 없다. 다시 앞으로 돌아가서 이 책을 스무 번쯤 읽어야 제대로 파악이 될 것 같다면 그렇게 하면서 최소한 이 말은 기억해야 한다. '돈을 벌면 즉시 경비 지출에 필요한 수입을 만들어내는 자산에 투자해야 한다.' 투자할 돈이 충분하지 않다면 그 수준에 도달하는 방법을 차근차근 가르쳐줄 것이다.

나는 투자컨설팅업체 '앤더슨 비즈니스 어드바이저스'의 최고경영자CEO 데이비드 가스를 만나 우리 둘 다 알고 있는 자산관리사에 관해 이야기를 주고받았다. 어느 날 40대 초반으로 보이는 부부가 그의 사무실을 방문했다. 그들의 연간 소득은 약 4만 달러였고, 은퇴하기를 원했다.

자산관리사는 "달리 방법이 없다."며 난색을 표한 다음 그들의 재정 상태를 나타내는 수치들을 살펴보았다. 그들은 임대용 부동산을 소유하고 있었는데, 이 부동산에서 나오는 수입이 경비보다 더 많았고 꽤 검소하게 살고 있었다. 그들은 빚도 전혀 없었다. 살고 있는 집도 자가였다. 차도 있었다. 자녀가 없었기 때문에 육아나 교육 관련 비용은 하나도 없었다. 그들은 자산이 충분했고 일할 필요가 없었다. 조금 충격을 받은 자산관리사는 대체 어떻게 한 것인지 부부에게 물었다. 그들은 항상 수입의 20%를 투자를 위한 계좌에 넣어두고, 그것이 충분히 커지면 다른 임대용 부동산을 구입했다고 말했다. 그것이 비결이다.

앞에서 한 푼도 오랜 시간이 지나면 100만 달러로 변한다고 했던 이야기를 기억하는가? 이 부부가 바로 그렇게 한 사람들이다. 그들은 일관되게 자산에 돈을 넣었고, 투자가 복합적으로 자산을 불리도록 만들었다. 그들은 부를 창출하면서도 지출은 늘리지 않았다. 그들은 원하지 않는 한 일을 하지 않아도 될 만큼 충분한 자금이 들어올 때까지 투자를 늘리면서 계속해서 더 많은 자산을 구매했다.

반드시 임대용 부동산을 사야 한다는 말이 아니다. 내 말은 그들이 재산 관리의 일환으로 그러한 일을 했다는 것이다. 높은 연봉을 받는 사람들은 아니었지만, 그들이 훌륭하게 해낸 한 가지는 그들의 상태를 악화시키지 않았다는 것이다.

내가 존경하는 어느 훌륭한 강연자는 자신의 고객들에게 그들이 열여덟 살 때 어떤 위치에 있었는지 생각해보라고 말한다. 또한 그 시점에 빚이 있었는지 묻는다. 열여덟 살 때면 빚은 없었을 것이다. 나도 묻겠다. 그때 당신은 지금보다 더 나은 재정 상태에 있었는가? 즉, 그 시점의 순자산은 얼마였는가? 자산도 없었고 부채도 없었기 때문에 0이라고 말할 수 있을 것이다.

그러면 현재는 어떤 위치에 있는가? 적자 상태인가, 아니면 흑자 상태인가? 열여덟 살 이후로 더 잘해왔는가? 얼마나 성장했는가? 만약 당신이 흑자인 순자산을 가지고 있다면 당신은 1년에 얼마나 순자산을 적립하고 있는가? 이는 당신의 나이에서 열여덟을 뺀 숫자로 순자산을 나눠보면 알 수 있다. 예를 들어 당신이 60세이고 순자산이 50만 달러라면 18세 이후로는 매년 1만 1,905달러를 모은 것이다.

이는 연간 수입과 어떤 관계가 있을까?

안타깝게도 생활이 곤궁한 성인들이 많다. 그들은 자산이 무엇인지에 대해 자신에게 거짓말을 하고 자기가 가진 재산을 과대평가한다. 그들은 '음, 나는 항상 내 차를 2만 달러에 팔 수 있어.'라고 생각한다. 그렇지 않다. 헐값에 팔아서 기껏해야 7,000달러만 받을 수도 있다. 그들은 집을 팔아야 하지만, 세금과 거래 비용은 말할 것도 없고 실제 시장가치에 대한 현실적인 감각을 갖기 위해 전년 대비 가격을 열심히 살펴본 적도 없다. 당신은 모든 것을 비판적으로 검토하여 당신의 순자산이 실제로 흑자인지 여부를 확인해야 한다.

재산을 많이 축적하기만 하면 순자산이 많아진다고 생각하는 사람도 있을 것이다. 하지만 실제로 계산해보면 수학적으로는 우리가 열여덟 살 때 훨씬 더 잘살았음을 알 수 있다. 지금 이 시점부터 당신은 앞으로의 정확한 무한 수입을 계산할 수 있다. 오늘부터 시작해서 이 프로그램을 실제로 잘 운영한다면 앞으로 1년 후 무한 수입이 얼마나 더 생기는지 확인할 수 있을 것이다.

이 프로그램에 관심을 보이기 시작하면 지출이 줄어든다는 것을 알 수 있다. 당신은 자신의 잉여 수입과 적자에 관심을 기울이게 될 것이고, 그것이 더 커지거나 작아지는지를 알게 될 것이다. 가장 흥미로운 점은, 당신의 순자산은 점점 더 무관해지고 궁극적으로는 무한 수입을 얼마나 창출하고 있으며 얼마를 지출해야 하는지가 점점 더 중요해진다는 점이다.

적자 폭을 줄이기 시작하면 무한 수입에 도달하는 것은 시간문제다. 이는 수학적 과정이기 때문에 반드시 그렇게 될 것이다. 그것은 마치 산을 오르는 것과 같다. 계속 올라가는 한 당신은 결국 정상에 도달하게 될 것이다. 적자 폭을 줄이고 자산을 늘리기만 하면 무한 수입에 도달하게 되는 것이다.

Chapter 09

나의 경제적 등급
파악하기

옛날에 어느 나라에 한 어린 소년이 엄마, 아빠, 형과 함께 살고 있었다. 소년의 가족은 더 나은 삶의 기회를 찾기 위해 미국으로 건너갔다. 그는 학교를 몇 년 다니지 못하고 목화 공장에 취직했다. 목화 공장에서는 일주일에 1.20달러를 벌었다. 그의 나이는 겨우 열세 살이었다. 그는 다시는 학교로 돌아가지 못했다.

소년은 수년 동안 매우 열심히 일했고, 여러 직업을 전전한 끝에 마침내 전보 배달원으로 취직했다. 소년은 전신기사가 어떻게 전신기를 작동시키는지 배우며 승진을 거듭해 마침내 전신기사가 되었다. 철도 회사로 직장을 옮긴 후 열심히 일해 관리직으로 승진했을 때 그의 나이는 겨우 열여덟 살이었다.

소년은 주변의 성공한 사람들을 관찰하며 그들을 그대로 따라 했다. 그는 다양한 사업에 투자했다. 성공한 사람들에게 배워야 할 교훈들이 있다는 점과 그들이 기꺼이 자신을 도울 것임을 깨달았다. 시간이 흐르면서 투자는 증가했고 더 많은 기회가 표면으로 부상했다. 그는 부자가 되어가고 있었다.

이제 성인이 된 소년은 급성장 중인 철도에 기회가 있다는 것을 알아차렸다. 그는 교각에서 철강에 이르는 모든 것을 포함해 철도 확장에 따른 혜택을 받는 프로젝트에 투자하기 시작했다. 결국 그는 철강 회사를 설립했고, 이 회사는 엄청나게 성장했다. 그는 이 회사를 수억 달러에 팔았고, 다른 사람들의 성공을 돕는 일에 여생을 바쳤다. 이 소년의 이름은 앤드류 카네기였다.

경제적 등급 나누기

지금까지 무한 투자를 위한 계산 방법에 대해 알아봤다. 이제 개인의 경제적 등급 이면에는 어떤 시스템이 있는지 살펴보자. 사람을 농노, 도제, 기사 그리고 집사(관리인) 네 가지 부류로 나눌 수 있다면 당신은 어디서 속할 것 같은가?

이 장에서는 각 계급 간의 차이점, 계급을 정의하는 방법, 자신이 속한 계급을 결정하는 방법 등을 살펴보려고 한다. 계급 이동에 대해서는 나중에 따로 말할 것이다. 우선 자신이 어떤 계급에 속하는지부터 알아보자.

농노

중세시대 때 농노란 다른 사람의 땅에 예속되어 그를 섬기는 사람을 가리켰다. 일반적으로 농노는 토지와 함께 묶여 있는 일종의 계약직 노예였다. 땅의 주인은 영주였고, 농노들은 집과 약간의 돈을 받고 그의 땅에서 일했다. 농노들의 수입은 기사들에게 돈을 주고 교회의 비용을 충당하기 위해 사용되었다.

한마디로 농노들은 자신의 필수품을 충족할 충분한 수동적 수입원이나 무한 수입원이 없는 사람들이다. 이 사람들에게 실직은 치명적이다. 질병이나 다른 갑작스러운 경비로 인해 격리되거나 봉쇄되는 상황에 놓일 수도 있다. 이들은 상품으로 팔렸다. 이들은 월대출금이 많은 큰 차나 주택담보대출이 많은 큰 집을 사서 다람쥐 쳇바퀴를 돌리고 있는 것처럼 느끼는 사람들이다. 이 부류에 속하는 사람들을 농노라고 부른다. 돈을 벌어서 다른 사람들에게 봉사하고 있기 때문이다.

순자산이 어떻게 계산되는지 기억한다면(자산-부채) 보유 중인 부채가 다른 사람의 자산이 될 수 있다는 사실을 잘 알 것이다. 자산은 은행, 신용카드 회사, 자동차대출 기관 또는 주택담보대출 기관 등이 보유하고 있다. 부채를 지고 이를 따라가기 위해 허덕이는 경우가 많다. 당신이 그러한 상황인지 아닌지 생각해봐야 한다.

중세의 농노들처럼 오늘날의 농노들도 다른 사람에게 조종당하는 경향이 있다. 그들의 직업은 다른 사람의 기쁨이고, 그들의 집은 다른 사람의 소유이며, 그들의 독립은 다른 누군가의 손에 달려 있다. 준비되지 않은 농노들은 순식간에 인생이 변하고 세상이 뒤바뀔 수 있다.

도제

중세시대 때 도제는 거래하는 법을 배워서 주인(마스터)이 되는 단계를 거치는 과정에 있는 사람이었다. 한마디로 그들은 거래에서 뛰어난 능력을 발휘할 길이 있었다. 이들은 일반적으로 다른 사람의 지원을 받았으나, 주인이 되기 위한 길을 걷고 있다는 생각에 그 지원을 받았다. 그들은 언제나 기사들의 호의를 얻었고, 시간이 지남에 따라 그들 스스로 기사가 될 것으로 예상되었다.

무한 투자 시스템에서 도제들은 예상치 못한 경비로 타격을 입더라도 살아남을 수 있는 사람들이다. 그들은 어떤 일이 있어도 어느 정도의 수입으로 그들의 기본적인 필수재를 충당할 수 있는 상황에 놓여 있다. 필요할 경우 그들은 자신이 원하는 것에 대한 욕구를 줄이며 합리적인 방식으로 살 수 있을 것이다. 그들은 자신의 필수재를 충족할 충분한 수입이 있다. 재량재에 대한 욕구를 극복하기 위해서는 단지 자제하기만 하면 된다.

기사들

중세시대 때 기사들은 그들이 가진 기술과 행동 규범 때문에 많은 추종자를 거느린 사람들이었다. 그들은 영주에게 충성하는 대가로 땅과 많은 돈을 받았다. 그들이 전투 기술과 싸움에 능했기 때문이다.

무한 투자의 관점에서 기사들의 역할을 살펴보면, 기사들은 자신이 가진 무한한 자산이 어떻게 작동하는지 알고 힘들게 일할 필요가 없다. 기사들은 자신의 필수재와 재량재를 모두 충족할 수 있다. 그들은 순자산에 대한 무한 수입을 계산해서 무한 수입을 창출하는 수준에 도달했고, 자신이 원하는 것(재량재)을 살 수 있다. 그들은 기본적으로 무한한 수입으로 살아갈 수 있다.

기사들은 자신이 누리는 기사 지위의 기쁨을 나누기 좋아하기 때문에 종종 도제를 두곤 한다. 기사들은 도제들과 농노들을 신분 해방으로 이끌면서 활동하는 사람들이다. 일할 필요가 없지만 일하는 방법을 알기 때문에 도전과 변화를 마음껏 즐긴다. 또한 자신이 매우 중요하다고 생각하는 일에 지칠 줄 모르고 매진한다. 기사들은 자신의 유산을 관리하고 일생을 다른 사람들을 돕는 일에 점점 더 집중하게 된다.

그렇다고 해서 파괴를 일삼는 나쁜 기사가 없다는 뜻은 아니다. 하지만 나쁜 것들은 규칙에서 예외가 되는 경향이 있다. 나쁜 기사들은 보통 위에 집사가 없고(잠시 후 알게 될 것이다), 진정한 목적이나 가치도 없이 떠도는 유목민이다. 중세시대에는, 싸우는 것 외에는 아무 목적이 없는 용병이나 고용된 전사들이었다.

물론 자신에게 무엇이 중요한지 결정하고 집사가 되기 위해 노력한다면 그들에게도 여전히 희망은 있다. 기사들은 대부분 충분한 시간과 강한 욕망이 주어진다면 집사로 전환할 능력이 있다. 사실 기사의 자녀 중에 집사가 되려는 계획을 가지고 기사단에 합류하는 경우도 드물지 않다.

집사

마지막으로 집사는 자신의 모든 필요한 것과 원하는 것과 바라는 것을 충분히 충족할 수 있는 사람이다. 이들은 종종 다른 사람들을 돕는 일에 대부분의 시간을 보내는 자선사업가가 되곤 한다. 그 이유는 다른 사람들을 돕는 것에 보람을 느끼고 그들에게 그렇게 할 수 있는 수단이 있기 때문이다.

앤드류 카네기나 빌 게이츠 같은 사람들이 가장 눈에 띄지만, 무한 수입을 달성해 충분한 부를 갖추게 된 후 다른 사람들을 돕는 일에 눈을 돌린 사람들은 수없이 많다. 이들은 돈을 쌓아두고 다른 사람들을 돕기 위해 그 돈을 쓴다. 빌 게이츠와 멜린다 게이츠가 재단을 세워 무슨 일을 했는지 보라. 오마하의 현인 워런 버핏의 순자산은 720억 달러로 추산된다. 그는 이 가운데 99%를 사회에 기부하겠다고 약속했다. 이러한 사람들이 진정한 집사다.

"모든 사람은 어떤 식으로든 사회에 공헌한다."고 말하는 사람도 있다. 하지만 부를 가지고 큰 변화를 만드는 사람은 집사들이다. 앤드류 카네기를 생각해보라. 그는 1900년대 초에 지구상에서 가장 부유한 사람이었다. 그는 1899년에 '부의 복음'이라고 불리는 기사를 썼다. 이 기사는 〈더 노스 아메리칸 리뷰The North American Review〉에 실렸고, 이 기사에서 그는 '백만장자들은 가난한 사람들의 수탁자'라는 의견을 개진했다. 그는 자수성가한 부자들은 돈을 낭비하지 않아야 할 책임이 있으며, 심지어 상속자들에게도 전 재산을 물려주면 안 될 책임이 있다고 말했다. 오히려 사회가 더 강해지도록 재산을 사용해야 한다는 주장이었다.

인생 후반기에 카네기의 순자산은 4억 7,000만 달러로 추정되었다. 1919년 사망했을 때 그는 자신의 재산 대부분을 자선단체에 기부했다. 그는 돈을 잘 버는 사람은 사회에 빚을 진 것이기 때문에 번 돈을 다른 사람을 돕는 일에 써야 한다고 믿었다. 자본주의가 본질적으로 다른 체제보다 우수한 이유는, 자본주의는 어떤 것에 가장 뛰어난 사람들이 계속 그것을 할 수 있는 인센티브를 만들어내기 때문이라고 그는 주장했다.

혁신은 우리가 자본주의를 나쁘게 생각하지 않게 해준다.

어떤 사람이 돈을 잘 번다면 그 돈을 사회에 환원해야 한다.

다시 말해 적절한 인센티브가 마련되어 있고 돈을 사회에 이롭게 쓰라는 사회적 압박이 가해진다면, 자본주의 사회의 모든 사람은 소수가 아무리 돈을 많이 벌어도 더 잘살게 될 것이다. 사회를 어떻게 보든지 간에, 오늘날 우리 사회에서 가장 가난한 사람이라도 100년 전의 사람들보다는 훨씬 더 잘살고 있다.

혁신은 우리가 자본주의를 나쁘게 생각하지 않게 해준다. 어떤 사람이 돈을 잘 번다면 그 돈을 사회에 환원해야 한다. 하지만 기부를 장려하기 위한 인센티브가 불충분하다는 것이 종종 문제가 된다. 빌 게이츠와 그의 기부 서약 이니셔티브는 부와 사회를 도우려는 인센티브를 가진 누군가가 자신처럼 부유한 사람들에게 그들의 재산 대부분을 사회에 환원하도록 압력을 가할 수 있다는 것을 보여주는 아주 좋은 예다.

나는 이들을 집사라고 부른다. 이들은 아주 다른 방식으로 사회에 기여하는 사람들이다. 카네기는 도서관을 지었는데, 그는 이 도서관을 '사다리'라고 표현했다. 다가갈 수 없다고 생각했던 무언가를 성취하기 위한 사다리라는 의미다. 손을 뻗어서 그것을 잡는다면 지금 상황에서 벗어날 수 있을 것이다. 이 도서관은 삶의 터전을 바꾸려는 동기를 가진 모든 사람이 정보를 이용할 수 있는 장소다. 이는 우리가 무한 투자를 통해 하려는 일과 정확하게 일치한다.

밀턴 S. 허시도 집사의 또 다른 예다. 나는 종종 그를 '재산 관리 계획의 본보기'라고 소개한다. 그는 자녀가 없었는데, 1910년 고아들에게 무료 교육을 제공하기 위해 밀턴 허시 스쿨을 세웠다. 현재까지도 이 학교는 K-12(초·중·고등학교 과정) 학생 2,000명을 모집하고 있다. 이 학교를 소유하고 있는 재단 허시 트러스트는 거듭된 합병으로 130억 달러 이상의 자산을 보유하게 되었다. 이 학교는 사회의 이익을 위해 재단이 자금을 지원하는 수많은 지역 및 국가 자선단체 중 하나일 뿐이다. 이는 모두 다른 사람들을 돕고자 하는 한 남자가 만든 것이다. 그래서 그를 '집사'라고 부르는 것이다.

하워드 휴스도 집사의 한 예다. 그는 1953년 휴스항공을 통해 벌어들인 수익으로 하워드휴스의학연구소를 설립했다. 이 재단은 지구상에서 네 번째로 큰 자선 재단이며, 생물의학 연구를 위한 가장 큰 단일 관리기관이다. 그는 특이하고 비밀스러운 사람이었다. 그의 유산이 커지고 재산이 복합적으로 늘어나 오늘날의 모습이 된 것은 그가 세상을 떠난 후였다.

집사는 어떤 의미 있는 방법으로 사회에 다시 기여할 수 있도록 필요한 것, 원하는 것, 바라는 것을 충족시키는 사람이다. 누군가는 이러한 기부 행위를 하지 않으려고 하지만, 내 생각에 그것은 기회 상실이고 불행한 일이다. 진정으로 부유하면서도 여전히 분노에 차 있고 불행한 사람이 있다면 그는 성취감을 얻을 기회를 놓친 사람일 수 있다. 적절한 지침이 없다면 부는 저주가 될 수 있으므로 부가 왜 중요한지를 파악하는 것은 대단히 중요하다.

나의 경제적 등급 파악하기

다시 한번 당신이 현재 어디에 속한 사람인지 정확히 파악해보자. 먼저 농노란 무한 수입이 필요한 것을 살 수 있는 자금보다 적은 사람들이다. 무한 수입이 하나도 없는 사람이라면 농노 계급이다. 무한 수입이 전혀 없는 사람의 출발점은 이를 구축하는 것이다. 무한 수입이 필수재를 사기에는 충분하지만 재량재를 사기에는 부족하면 도제에 속한다.

일단 필수재와 재량재를 갖기에 충분하고 당장의 라이프스타일을 감당할 수입이 있는 사람은 기사 계급이다. 이들은 바라는 것을 충족하게 만드는 일에 집중하고 있을 뿐이다. 임대료, 저작권료, 주식 배당금, 단기 시세차익 등과 같은 무한 수입의 출처에서 나오는 소극적 수입은 충분하다. 이들은 자신이 하고 싶은 일은 다 할 수 있다. 이쯤 되면 "내가 뭘 하면 좋을까? 세계 일주를 하면 좋겠어. 다른 일도 할 수 있었으면 좋겠어."라고 말할 수 있다. 그러면 이제 사회에 환원할 차례다. 사회에 빚을 지고 있기 때문이다. 이러한 부와 성공으로 집사가 되어야 한다.

다음 장에서는 신분을 바꾸기 위한 구체적인 방법을 살펴볼 예정이다. 특히 농노나 도제인 사람이 주식 시장의 지주가 되도록 돕는 일에 집중할 것이다. 당신이 집사나 기사라면 게임에서 앞서 나가 무한 투자의 법칙의 작동 방식을 파악한 사람이다. 앞으로 당신의 과제는 다른 사람들을 돕는 일이 될 것이다. 어떻게 농노와 도제를 도울 것인지에 초점을 맞춰 90일 계획을 설명하고, 이에 따른 구체적인 실행 단계를 알려줄 것이다.

Chapter 10

부자들은 어디에
투자할까?

산 쿠엔틴 교도소에는 주식 거래를 가르치는 커티스 캐롤이라는 수
감자가 있다. 그는 '산 쿠엔틴의 현인'으로 알려져 있다. 그는 인생의
대부분을 감옥에서 보냈다. 어설픈 강도질이 살인으로까지 이어져 54
년째 수감 중이며, 사실상 종신형을 선고받았다. 그래서 그는 주식 시
장으로 가는 길을 찾는 평범한 사람과는 다르다.

  감옥에 처음 들어갔을 당시 그는 글을 읽을 줄 몰랐지만 독학으로
깨우쳤다. 어느 날 그는 신문을 읽다가 우연히 경제 지면을 펼쳐보고
혼란에 빠졌다. 동료 수감자에게 그것이 무엇인지 묻자 그는 이렇게
대답했다. "여기가 백인들이 돈을 묻어두는 곳이잖아."

커티스는 공부를 하면 할수록 금융 시장이 모두에게 이용 가능한 곳이라는 점을 깨달았다. 인터뷰에서 그는 항상 〈월스트리트저널〉, 〈USA 투데이〉, 〈포브스〉, 여타 경제지와 출판물 등을 읽으며 누구나 주식 시장에 들어가 돈을 벌 수 있다는 사실이 믿기지 않았다고 말했다.

그는 수감자들, 교도소 밖 유명인사들과 함께 금융에 대한 이해도를 높이기 위해 노력했다. 진정한 부를 얻은 사람은 누구나 절약, 비용 통제, 신중한 차입, 다양화 등의 네 단계를 터득했다고 그는 말한다.

커티스가 범죄를 저질렀을 때 그는 겨우 열일곱 살이었다. 다른 사람에게 폭력을 행사하거나 인명을 앗아가는 범죄는 절대 용서할 수 없다. 하지만 그는 많은 사람들을 범죄의 삶으로 이끄는 것은 경제에 대한 지식 부족이라는 점을 깨달았다. 그는 사람들이 경제적 안정을 얻는 방법을 알면 범죄를 줄이는 데 도움이 될 것이라고 생각했다. 이에 그는 수감자들에게 주식 시장이 어떻게 돌아가는지 가르치고, 자신만의 방식으로 다른 사람들에게 희망을 심어주기 시작했다.

주식 시장의 장점

이 장에서는 부자들이 실제로 돈을 어떻게 굴리고 있는지, 그리고 그것이 전통적인 투자 방식과 어떻게 다른지 이야기하고자 한다. 앞서 말했듯이 그들은 여러 수입원을 활용하고 있다. 그들은 임대료, 저작권료, 이자, 주식 배당금 그리고 시세차익과 같은 것으로 수입을 얻는다.

이 장에서는 돈을 버는 일에 있어서 내가 가장 좋아하는 곳에 대해 더 깊이 알아볼 것이다. 그곳은 부자들이 가장 많이 이용하는 곳, 바로 주식 시장이다. 우리는 모두 주식 시장에 대해 잘 알고 있지만, 부유한 사람들은 대부분의 다른 사람들이 잘 알지 못하는 방식으로 주식 시장을 이용한다. 수치를 보면 주식 시장은 시간이 지날수록 다른 자산 분야보다 수익성이 좋다는 것을 알 수 있다. 이는 정말 놀라운 일이다. 주식 시장을 자신의 사업체처럼 간주하면 몇 가지 이점이 보인다.

첫째, 직원을 고용할 필요가 없다. 이를 통해 직원 관리에 따른 비용, 규정, 번거로움 및 책임을 부담하지 않고도 소득을 창출할 수 있다.

둘째, 주식 시장에 매우 특화된 또 다른 장점은 원하는 것은 무엇이든 사고팔 수 있다는 것이다. 모든 주식에는 늘 매수자와 매도자가 있다. 부동산 시장의 경우 거래가 더디고 구매자가 고갈될 수 있지만 주식 시장은 전혀 다르다. 이는 대형주에만 적용되는 것이 아니다. 당신이 늘 가격을 지시할 수는 없지만, 당신에게 주식을 팔거나 당신에게서 주식을 사려는 거래인은 늘 존재한다. 이는 많은 이점을 제공한다.

셋째, 인터넷을 사용할 수 있는 한 어디에서나 주식 거래가 가능하다. 인터넷에 연결된 온라인 증권 플랫폼만 있으면 자산을 관리할 수 있다. 비용이 많이 드는 사무실이나 물리적 위치에 따른 간접 비용이 없다. 이는 주식 시장의 장점 중 일부에 불과하다. 여기에 더해 주식 시장은 우리가 전반적으로 가장 큰 이득을 봤던 것들을 지닌 곳이다. 따라서 주식 시장을 어느 정도 활용해야 한다. 내가 부유한 고객들과 일하면서 알게 된 사실은, 그들이 주식 시장을 전통적인 방식과 조금 다르게 활용하고 있다는 점이다.

주식 투자에 대한 전통적인 사고방식

전통적 투자는 사람들이 좋아하고 잘 아는 주식을 사들인 다음 계속 보유하는 것이다. 투자해야 할 돈과 긴 시간적 여유가 있는 한 대부분 효과가 있으므로 이 생각이 잘못된 것은 아니다. 그런데 그와 동시에 이곳은 전통적 투자자들이 곤경에 빠질 수 있는 지점이기도 하다. 시간이 걸리고 시장이 상승해야 성공할 수 있는 투자이기 때문이다.

S&P 500지수를 예로 들어보자. S&P 500지수는 미국의 뉴욕증권거래소에 상장된 500개의 기업들로 구성되어 있다. S&P 500지수는 주식시장이 어떻게 작동하는지 알려주는 대규모의 거래다. 이는 일반적으로 사용되는 벤치마크이며, 당시의 경제 상황에 따라 크게 변동한다.

많은 뮤추얼펀드매니저와 헤지펀드매니저가 S&P 500지수와 싸워 이기는 것을 목표로 삼고 있다. 시간 경과에 따른 실적 그래프를 보면 여러 개의 봉우리와 계곡이 보인다. S&P 500지수는 2000년으로 접어들면서 기술기업들의 거품(버블)이 이루어지는 기간 동안 상승한 것을 볼 수 있다. 이후 2000년, 주가 폭락과 함께 기술주도 폭락했다.

이어서 2007년에는 부동산 부문에서 거품이 일었다. 그 후 우리는 2008년, 부동산 위기와 그에 따른 시장 붕괴를 목격했다. 그런 다음

이 차트는 이른바 미연방준비제도 버블로 인해 다시 올라간다. 대규모 양적 완화(시장에 현금을 대량으로 공급하기 위해 돈을 찍어내는 일)가 있었고, 많은 일이 일어나 시장이 오름세를 보이고 있었다. 일부에서는 이것이 인위적인 조작이라고 주장하기도 했다. 그럼에도 시장은 계속 오름세였다. 이어서 지난 미국 대통령 선거 이후 주식 시장에는 다시 큰 폭등이 있었다. 그 후 코로나19 사태와 그 여파가 찾아왔고, 이번에는 엄청난 추락이 일어났다. 그러다 500개 기업 중 여섯 개 기업이 거의 모든 주가를 회복했다. 이는 주식 시장의 상승과 하락을 보여준다. 다시 말하지만, 전통적인 투자는 당신이 주식을 매입하고 이를 유지할 시간만 있다면 정말 좋은 전략이다.

문제는 주식에 투자하고 지난 2000년에 은퇴 계획을 세웠던 사람들이었다. 투자금을 빼서 그 돈으로 여생을 보내려던 사람들은 큰 손해를 보았다. 그 이유는? 시장이 크게 하락했고, 현금으로 바꾸려고 계획했던 주식들은 불과 6개월 전보다 가치가 훨씬 낮아졌기 때문이었다.

폭락 이후 주식 시장은 다시 부동산 거품 속에서 반등했다. 그다음 랠리에서는 시장이 다시 살아났기 때문에 괜찮아졌다. 그러니까 장기적으로 주식을 팔지 않은 사람은 괜찮았다. 하지만 그 후 주식 시장은 다시 폭락했고, 우리는 또 한 번의 사이클을 겪었다.

나는 이 점에 대해 혼란이 없도록 명확히 하고 싶다. 장기적인 매입과 보유의 문제점은 퇴직금, 의료비, 그 밖의 다른 경비를 지불하기 위해 주식을 매도하려 할 때 시장이 하락한 상태일 수 있다는 점이다.

전기회사에 가서 "저기요, 지금 내 주식이 20%나 떨어졌거든요. 주식이 다시 오르면 그때 납부하면 안 될까요?"라고 말하지 못한다. 경비는 지금 당장 내야 한다. 시장이 폭락하면 큰 대가를 치를 수 있다.

상승과 하락의 반복은 주식 시장의 속성이다. 주식은 이러한 방식으로 움직인다. 시간이 지나면서 변동한다. 이러한 사실을 알고 주식 시장이 불황인 해에 투자금을 회수하는 일에 기대는 투자자는 전통적인 투자 전략을 사용한 결과 큰 곤경에 처할 수 있다.

2000년의 주가 폭락을 조사해보면, 시장이 다시 2000년의 폭락 전 수준을 회복하기까지 꼬박 13년이 걸렸음을 알 수 있다. 전통적인 투자자와 심지어 전문 트레이더들까지도 곤경에 처하는 이유는 시장의 상황에 따라 매매 시점을 맞추려고 하기 때문이라고 말한다.

내 말을 오해하지 말기 바란다. 거래 타이밍이 시장에서 어느 정도는 유용할 수 있지만, 반복적으로 역효과를 낳는다는 것이 입증되고 있다. 미국 증시의 대표지수를 산출하는 S&P 다우존스인디시스에 따르면 15년 후 실제로 S&P 500지수를 이긴 펀드는 92%에 불과했다. 2019년에는 29%의 펀드매니저만 S&P 500지수를 이겼다. 이들은 매매 타이밍을 맞추는 일에 '전문가'이지만, 성공하기보다는 실패하는 경우가 더 많다. S&P 500지수에 비해 손해를 볼 가능성이 큰 사람에게 돈을 지불하는 것은 말이 안 된다.

시장이 회복되던 기간인 13년을 생각해보자. '음, 성인으로서 내 인생 전체에서 13년은 그리 길지 않아.'라고 생각할 수도 있지만 이는 꽤 긴 기간이다. 가령 당신 자녀의 13년 후 삶이 얼마나 달라질지 생각해보라. 그들은 대학을 졸업하고 직장을 구해서 잘 다니고 있을 것이다. 그들이 13년 안에 성취할 수 있는 것들을 생각해보라. 당신과 당신의 돈 그리고 당신이 이루고 싶은 것들을 생각해보라. 13년 이상 앉아서 기다려야 했던 전통적 투자자를 떠올리면 2000년 당시보다 훨씬 더 우울한 생각이 들지 않는가?

그 13년 동안 돈을 벌었던 사람도 있었다. 분명히 어떤 투자자들은 그냥 참고 기다렸다. 그 폭락 장세의 밑바닥에서 주식을 판 사람들도 있었고, 그 결과는 참담했다. 하지만 실제로 시장을 어떻게 다루어야 하는지 알고 기회를 찾은 사람들도 있었다. 그리고 그들은 13년 동안 그 기회를 이용해 현금을 창출했다. 그들이 무엇을 하고 있었을까? 그리고 그들은 당신이 모르는 어떤 것을 알고 있었을까?

부자들이 주식 시장을 이용하는 방법

부자들은 가만히 앉아서 기다리지 않는다. 그들은 부를 늘리기 위해 배당금과 주식을 빌려 매도한 후 주가가 떨어지면 재매수해 투자 수익을 올리는 스톡 렌탈(주식 임대)을 활용한다. 그들은 할인된 가격으로 주식을 사고, 배당금을 받고, 그 배당금을 활용하고, 또한 주식을 빌려주고 그에 대한 임대료를 받는다. 이 네 가지는 주식 시장에서 매우 중요하며 당신에게 기회를 열어줄 수 있다. 결론부터 말하자면, 부자들은 전통적인 투자자들처럼 주식 상승으로만 돈을 벌려고 하지 않고 위험을 낮추기 위한 일에 집중한다는 것이다. 그들은 주식 시장에서 많은 돈을 잃을 가능성을 없애려고 한다.

그들이 그렇게 하는 방법은 주식 시장을 현금 흐름의 매개체로 사용하는 것이다. 이는 부자들이 어떻게 투자하는지에 대한 중요한 기초다. 그들은 단지 시장에서 큰 폭의 상승으로 돈을 벌려고 하는 것이 아니다. 그들은 증시를 매개로 현금을 창출하는 접근 방식을 가지고 있다. 이것이 당신에게 도움이 될 수 있는 이유는 주식 시장의 롤러코스터에서 벗어날 수 있게 해주기 때문이다.

아까도 말했듯이 주식 시장은 시간이 흐르면서 끊임없이 오르내릴 것이다. S&P 500지수는 상승했다가 하락했다가 다시 상승했다가 하락하는 일을 계속할 것이다. 전반적으로 S&P 500지수는 미국의 모든 주요 지수들과 마찬가지로 시간이 지남에 따라 계속 성장해왔지만, 상승과 하락이 없는 것은 아니다. 이런 변동성 속에서 전통적 투자자들이 어떻게 대처해야 할지 모르면 손해를 볼 수 있다.

부자들이 하는 것처럼 거래와 투자를 통해 당신도 변동성에 따른 피해를 입지 않고 일관된 현금 흐름을 창출할 수 있다. 그러면 당신의 주식은 성장을 위한 매개체가 된다. 좋은 점은 주식이 분기별, 매월, 때로는 매주 현금 흐름을 가져다준다는 것이다.

비결은 필수품을 사기 위해 주식을 팔 필요가 없다는 것이다. 그들은 주가가 하락할 때 어쩔 수 없이 주식을 팔도록 강요받지 않는다.

그들은 특정 주식이 현금 흐름을 창출하는 자산이라는 것을 이해하는 데 시간이 걸렸고, 그 현금 흐름을 사용해 성장을 복합적으로 일으키는 방법을 이해했다. 간단히 말해 그들은 대부분의 소위 전문가들과 다르게 시장을 보고 그것을 현금 흐름 장치로 바꾼다.

배당금을 주는 주식을 사라

당신이 당장 해야 할 일은 배당금을 주는 주식, 즉 배당주를 매입하는 것이다. 배당주란 자산을 공유하는 회사를 말한다. 이는 기업이 주주 모두에게 지급하는 수익의 일부이며, 더 설립이 오래된 기업일수록 배당금을 지급하는 회사가 많다.

유명 기술기업과 같은 신생기업은 큰 성장 주기를 거치는 경우가 많다. 이 회사들은 배당금을 제공하는 대신 현금을 보관하다가 회사를 성장시키기 위해 재투자한다. 다른 회사를 인수하기 위해, 또는 아직 일관된 이익을 얻지 못해서 현금이 필요하다. 반면 오래전 설립된 보다 안정적인 기업들은 이미 많은 성장을 거쳤고, 일관된 이익을 가지기 때문에 투자자들에게 현금 배당금으로 꾸준히 보상을 해준다.

배당금이 당신을 위한 것인지 궁금할 것이다. 살펴볼 가치가 있기는 한 것일까? 이미 알고 있겠지만, 현금을 보관하고 있는 것이 가장 좋은 방법은 아니다. 수익을 올리지 않는 한 연초 1.00달러는 연말이면 가치가 0.98달러가 된다. 인플레이션으로 인해 시간이 지날수록 물가가 오르기 때문이다.

미국의 연평균 인플레이션은 약 2%다. 최소한 인플레이션 속도를 따라잡는 것에 돈을 투자할 수 있다면 당신은 손익분기점에 도달한 것이다. 그에 비해 현금을 가지고 있으면 바로 뒤처진다. 역사적으로 배당금은 인플레이션에 대한 헤지(보완) 수단이었다. 대부분의 기업은 결국 물가상승률보다 더 높은 배당금을 지불하게 될 것이고, 따라서 당신은 배당금에서 조금 앞서가게 된다.

배당금을 지급하는 주식이 그렇지 않은 주식보다 더 중요하고 흥미롭다. 이는 일정 기간에 걸쳐 일관된 배당금을 지급한 기업은 수익성이 높고 일반적으로 계속 배당금을 지급할 수 있기 때문이다. 일정 기간의 일정한 배당금은 좋은 기업을 고르는 정말 좋은 여과지가 된다. 이미 다른 회사보다 실적이 좋은 기업 그룹에 접근할 수 있다는 것을 알고 있다면 처음부터 이러한 기업들과 함께하는 것은 어떨까?

배당금으로 재투자하라

배당주가 있으면 여분을 활용(레버리지)할 수 있다. 또한 증권사가 허용하는 경우 배당 재투자 프로그램DRIP을 활용할 수 있다. DRIP은 배당금을 자동으로 재투자할 수 있는 쉬운 방법을 제공한다. 배당금이 지급되면 그것이 증권 계좌로 직접 들어가 배당금을 지불하는 회사의 주식이나 주식 일부에 재투자되는 것이다. 따라서 주식 포트폴리오를 계속 성장시킬 수 있다. 아무 일도 안 해도 되기 때문에 좋다.

배당금 재투자를 통해 분기마다 자동으로 그 주식을 더 사게 된다. 부분적인 DRIP을 하는 방법도 있다. 이 경우 돈의 일부는 주식에 재투자되고, 일부는 현금으로 보관된다. 그러면 분기별로 그 돈의 일부를 현금으로 인출할 수도 있다. 하지만 당신에게는 수단이 생긴다. 그것은 주식이다. 이는 당신에게 더 많은 주식을 주거나 약간의 현금 수익을 준다. 어느 쪽이든 이는 투자자에게 아주 좋은 일이다. 대부분의 증권사는 DRIP을 허용하지만, 전부가 그런 것은 아니므로 DRIP을 허용하는 증권사를 반드시 찾아야 한다.

배당금은 부의 복합체다. 이는 시간이 지남에 따라 투자 원금과 함께 복합되어 기하급수적으로 증가하기 시작할 것임을 의미한다. 예를 들어 S&P에서는 1929년 이후 매년 평균 배당률이 3~5%임에도 S&P 수익의 40%를 차지해왔다. 배당금 수치를 보면 약간 적어 보일 수도 있지만, 시간이 지나면서 이러한 배당금에서 얻는 수입이 엄청나질 수 있다.

배당왕 주식에 투자하라

배당금을 지불하는 기업들의 그룹에는 '배당왕dividend kings'이라고 불리는 아주 작은 집단이 있다. 이 배당왕들은 50년 이상 매년 배당금을 지급하고 그 배당을 늘려온 기업들이다. 대단하지 않은가?

이렇게 생각해보자. 지인이 당신에게 "내 회사에 투자했으면 좋겠어요."라고 말한다. 그러면 당신은 "좋습니다. 당신의 회사에 투자할 게요. 하지만 그 대가로 뭔가를 받고 싶습니다. 제가 돈을 빌려드리는 것에 대한 이자를 주시든지, 아니면 당신 회사에 투자한 것에 대한 이익의 몫을 주시든지 둘 중 하나를 결정해주세요. 그래야 제가 투자한 만큼 돌려받을 수 있으니까요."라고 말한다. 이는 옛날 투자 방식이다. 즉, 실제로 돈을 투자하고, 무언가를 되찾기를 기대하는 것이다.

시대가 변했고 투자 관행도 변했지만, 반드시 더 나은 방향으로 변한 것은 아니다. FAANG주로 알려진 주식군을 생각해보자. FAANG 주는 페이스북, 애플, 아마존, 넷플릭스, 구글의 알파벳으로 구성되어 있다. 이는 세계에서 가장 인기 있고 가장 실적이 좋은 기술주들이다. 중요한 것은 이 회사들은 투자자에게 어떤 돈도 되돌려주지 않는다는 것이다.

실제로 아마존은 손익분기점이 플러스(+)로 돌아서기 전 처음 9년간은 내리 손해를 봤다. 즉, 이러한 기업들은 배당금을 지불하지 않고 있다. 하지만 사람들은 아마존이 계속 성장하고 주가도 계속 오를 것이라는 희망을 가지고 투자한다. 그리고 우리는 기업이 계속 성장하고 가치가 계속 상승할 것이라는 생각으로 기업에 투자하는 것이 괜찮다고 속아왔다. 당신은 그런 위험을 감수할 의향이 있는가?

여기 당신의 잘못된 생각을 일깨워줄 작은 뉴스가 하나 있다. 이들 기업이 성장해도 당신은 그 혜택을 전부 누릴 수 없다는 것이다. 그들의 성장에 따른 혜택을 누리려면 주식을 팔아야 하고, 주식을 팔면 세금을 내야 하기 때문이다. 전통적 퇴직연금계좌IRA에서 돈을 인출하는 것이라면 세금을 내지 않는다고 생각할 수 있다. 그 생각은 틀리지 않았다. 한 가지 예외는 돈이 로스 퇴직연금계좌IRA에 있는 경우다.(모든 젊은이는 이 계좌를 가지고 있어야 한다. 이곳은 세금을 전혀 내지 않을 것이기 때문에 돈을 아끼기에 좋은 장소다. 비상시에 필요할 때에도 언제든 돈을 인출할 수 있다.)

그러니까 배당왕 주식에 투자를 하자. 이 회사에 당신의 돈을 투자해야 하는 이유는 그들이 당신의 투자에 대한 대가를 돌려주기 때문이다. AT&T를 보라. 이 회사는 현재 주주들에게 5~6%의 배당금을 지급하고 있다. 흥미로운 것은 이 회사가 실제로 매분기 주주들에게 꽤 많은 돈을 지불한다는 것이다. 당신은 배당금만으로 5~6%를 돌려받을 수 있다. 이는 주가가 올라 가치가 상승하는 것은 고려하지 않은 것이다. 그들은 당신의 돈을 쓴 대가로 돈을 주는 것이지 다른 이유는 없다. 이제 누가 누구를 위해 일하는가?

이 글을 쓰는 현재 배당왕 자격이 있는 회사는 30개에 불과하다. 코카콜라, 존슨앤드존슨J&J, 프록터앤갬블P&G, 로위 등과 같은 회사들이다. 이들의 공통점은 모두 배당금을 지급하고 배당 기간을 최소 50년 이상으로 늘렸다는 것이다. 주식 취득 시기를 결정하는 방법에 대한 약간의 지침만 있으면, 배당왕에 투자해 대기업과 함께 훌륭한 복합적 자산 증식에 접근할 수 있다. 그러면 당신의 고품질 투자 옵션이 더욱 집중되고 투자 선택도 명확해진다.

어떤 매니저는 거래할 때마다 돈을 받고 있는데 당신은 왜 자기 돈을 주식에 베팅하기 위해 누군가에게 5~6%의 수수료를 지불하려 하는가? 투자자들은 왜 그렇게 할까? 왜냐하면 잘 모르기 때문이다. 당신이 할 일은 매우 안전하며 당신에게 항상 배당금을 지불해줄 실적이 있는 회사를 선택하는 것이다. 배당금을 한 번도 안 주는 회사에 돈을 베팅할 이유가 없지 않겠는가?

당신은 그저 그들에게 무과세나 무이자로 대출을 해주고, 장기적으로 당신의 돈을 돌려받기를 바라면서 그들이 성장할 것이라는 데 도박을 하는 것이다. 그리고 만약 예기치 않게 돈이 필요해지면 당신은 그 회사의 주식을 시세로 팔고 수입에 대한 세금을 내야 한다. 이를 당신에게 돈을 지불하는 배당왕에 대한 투자와 비교해보라. 당신은 실제로 당신에게 지불되는 돈으로 경비를 지불할 수 있다.

아직도 이해가 안 된다면 다음을 고려해보라. 1991년 초에 배당왕 기업과 S&P 500지수 둘 다에 10만 달러를 투자했다면 그 차이는 엄청났을 것이다. 그리고 S&P 500지수는 모두가 이겨내려고 하는 벤치마크라는 것을 기억하라. 그 기간이 끝나면 S&P 500지수에 투자한 10만 달러는 137만 419달러가 되어 있을 것이다. 이에 비해 배당왕 목록에 있는 기업에 투자한 금액은 324만 5,873달러가 되어 있을 것이다. 이 배당왕 회사들은 별로 흥미로워 보이지 않을 수도 있고, 심지어 들어본 적 없을 수 있다. 하지만 당신은 흥미를 추구할 것인가, 아니면 수익을 추구할 것인가?

배당왕만큼 좋은 배당귀족

주목해야 할 또 다른 주식 그룹이 있다. 그것은 배당귀족이다. 이들 기업은 최소 25년 연속 배당금을 지급하고 그 액수도 늘리고 있다. 이 기업들의 목록은 꽤 길다. 또한 소비재주, 금융주, 의료주, 재료주, 유틸리티주, 정보기술주, 에너지주 등 매우 다양하다. 당신은 아마도 이 목록에 대한 나의 열정이 느껴질 것이다, 그래서 '좋아, 난 준비됐어. 바로 시작할게!'라고 생각할 것이다. 하지만 당신은 다소 신중해지고 싶을 것이다.

주식이 배당왕이나 배당귀족의 목록에 들어 있다고 해서 특별히 수익률(주가를 기준으로 한 백분율 수익률)이 높은 것은 아니다. 수익률이 1.5% 이하인 종목도 꽤 있다. 이 목록으로 투자를 시작하는 것도 좋지만, 짧은 기간에 걸쳐 꾸준히 배당을 제공해온 다른 훌륭한 기업들도 있다. 주가가 너무 높으면 50년간 배당금을 늘리는 것이 부실 투자가 될 수 있는 것처럼 우수한 기업의 주식으로 10년간 배당금을 늘리는 것이 훌륭한 투자가 될 수도 있다. 그 결과, 의사 결정 과정에서 고려하는 기준 중 하나는 수익률이다. 주식을 사면 실제로 현금을 얼마나 가져갈 수 있을까?

여기서 한 가지 중요한 의문이 생긴다. 좋은 투자가 무엇인지 어떻게 알 수 있는가? 어떤 주식을 사야 하는지 어떻게 아는가? 이는 일종의 갈등 조정 과정이 필요한 행동이다. 안정적인 투자를 원한다는 것은 오랫동안 곁에 있을 안전한 회사를 원한다는 뜻이다. 당신은 이러한 주식을 사서 영원히 소유하기를 원한다. 좋은 배당금과 균형을 유지해서 적절한 보상을 받고 좋은 레버리지(활용성)를 제공받기를 원한다.

어떤 주식이 좋은 투자이고 안전한 투자인지를 결정하는 일곱 가지 기준이 있는데, 이에 대해서는 12장에서 자세히 설명할 것이다. 첫 번째 단계는 모든 주식에 대한 기본 분석표를 읽는 것이다.

주식 차트 읽는 법

배당금은 일반적으로 분기별로 지급된다. 오른쪽 페이지의 코카콜라 차트를 예로 들어보자.[6] 전일 종가, 시가, 매수, 매도, 일중 거래 범위, 거래량, 시가 총액, 주가 수익비율 등 다양한 정보가 있다. 여기서 중요한 것은 배당 수익률이다. 이는 코카콜라가 얼마를 지불하고 있는지 알려주는 것이다. 1.64달러와 3.29%라는 두 수치가 있는 것이 보일 것이다. 1.64달러는 배당금이고, 3.29%는 수익률이다.

우선 배당금을 이야기해보자. 이는 1년짜리 배당금이다. 그러니까 올해 소유한 코카콜라의 모든 주식에 대해 1.64달러를 벌 수 있다는 것이다. 돈은 회사에서 바로 받을 수 있다. 더 좋은 방법은 DRIP 프로그램을 사용할 경우 해당 주식을 재투자하여 더 많은 주식을 매입하는 것이다. 이 금액은 분기별로 지급되기 때문에 분기마다 보유 주식

---

6) 야후! 파이낸스 자료

| 코카콜라(KO)의 주식 차트

전일 종가	49.83	시가 총액	212.753B
시가	49.80	베타(지수 변동에 따라 변하는 비율)	0.55
매수	0.00×1100	주가 수익비율	23.26
매도	0.00×1800	주당 수익비율	2.12
일중 거래 범위	49.35-50.07	실적 발표일	10/16/2020-10/20/2020
52주 저가 고가	36.27-60.13	배당 수익률	1.64(3.29%)
거래량	18,445,733	배당락일	9/14/2020
평균 거래량	15,659,242	12개월 목표 주가	53.55

당 0.41달러씩 지급된다.

괄호 안에 보이는 또 다른 정보는 수익률이다. 수익률은 꽤 간단한 계산이다. 배당금을 현재 주가로 나누면 수익률이 나온다. 무엇이 더 중요할까? 수익률인가, 아니면 실제로 가져갈 수 있는 현금인가? 둘 다 중요하기 때문에 큰 차이는 없다. 수익률을 보면 주가가 얼마나 비싼지 가늠할 수 있기 때문이다. 0.60달러의 배당금을 받는 주식이 있지만 그 주식의 가격이 100달러라면 수익률은 훨씬 낮아질 것이다. 이를 통해 실제 투자 금액과 비교하여 수익률을 파악할 수 있다.

사람들은 대부분 실제로 지불되는 현금(경화)에 대한 수익률을 보는데 나는 둘 다 본다. 먼저 이 수익률을 주식을 고르는 여과 장치로 본다. 최소 3%의 수익률을 얻는 것은 정말 좋지만, 어떤 회사의 수익률이 정말 높다면 주가가 떨어져도 실제로 수익률이 높아지는지 걱정할 수 있다. 이를 가리켜 '고수익률의 위험'이라고 부른다.

포드자동차를 예로 들면, 2018년의 주가는 18달러였고, 2019년에는 8달러였다. 2018년의 수익률은 약 5%였다. 주가가 하락하면서 2019년 수익률은 8%까지 상승했다. 차트를 보면 높은 수익률이 매력적으로 보일 수 있지만, 주가가 급락할 우려도 있다. 사람들은 대신 수익률은 낮지만 주가가 안정적인 주식을 선택하게 될 것이다.

배당금에 대해 배울 때에는 몇 가지 알아둬야 할 핵심 용어들이 있다. 모두 주식 시세에 나와 있지는 않지만, 그래도 알아야 할 중요한 사항이다. 그 가운데 하나가 '배당 선언일'이다. 이는 기업의 이사회가 알려주는 '배당금 지급 날짜'다. '배당 기준일(주주명부 등재일)'은 거래 기록을 검토해서 배당금을 받을 주주가 누구인지 확인하는 날짜다.

잠시 후 보게 될 '배당락일'은 배당금을 받기 위해 해당 주식을 보유해야 하는 날짜다. 이는 대단히 중요하다. 이 날짜 이전에 해당 주식을 소유하고 있지 않으면 배당금을 받을 수 없기 때문이다. 마지막은 '배당금 지급일'이다. 계좌에 배당금이 현금으로 들어오거나 DRIP으로 그 주식을 더 많이 취득하는 시기를 알려주는 것이기 때문에 중요하다. 하지만 이 모든 날짜 중 가장 중요한 것은 배당락일이다. 특히 아직 주식을 소유하고 있지 않고 배당을 받기 위해 주식을 사려는 경우에는 배당락일 전에 사들여야 한다.

| 코카콜라(KO)의 주식 차트

전일 종가	49.83	시가 총액	212.753B
시가	49.80	베타(지수 변동에 따라 변하는 비율)	0.55
매수	0.00×1100	주가 수익비율	23.26
매도	0.00×1800	주당 수익비율	2.12
일중 거래 범위	49.35-50.07	실적 발표일	10/16/2020-10/20/2020
52주 저가 고가	36.27-60.13	배당 수익률	1.64(3.29%)
거래량	18,445,733	배당락일	9/14/2020
평균 거래량	15,659,242	12개월 목표 주가	53.55

코카콜라의 차트 중 배당락일을 집중해서 살펴보자. 코카콜라의 배당락일을 보면 2020년 9월 14일임을 알 수 있다. 배당금을 받으려면 9월 14일 이전에 주식을 소유하고 있어야 한다는 의미다. 배당금을 받기 위해 주식을 구입할 계획이라면 적어도 배당락일 하루 전까지 주식을 구입해야 한다는 것만 기억하면 된다. 배당금은 회사가 일반적으로 홈페이지를 통해 발표하는 배당금 지급일에 받을 수 있다.

다음은 코카콜라의 다음번 배당금에 대한 웹사이트 게시물이다.

| 코카콜라(KO)의 차기 배당금

배당락일	수익률	배당 주기	지급일	배당 기준일	배당 선언일
9/14/2020	0.41달러	분기	10/1/2020	9/15/2020	7/16/2020

이제 배당금이 무엇인지 명확하게 이해되었을 것이다. 수익률이 어떻게 계산되는지 알고 그것이 무엇을 말하는지도 알게 되었다. 이는 주식을 고르는 기준으로 사용될 것이다. 배당금을 받으려면 언제 주식을 보유해야 하는지도 알게 되었다. 물론 지금으로서는 그 모든 것이 그다지 흥미롭게 들리지 않을 수도 있다.

1년 내내 코카콜라 주식을 소유하면 주당 1.64달러의 배당금을 받을 수 있을까? 코카콜라 주식 100주를 가지고 있다면 무려 164달러를 벌 수 있다. 장담하건대 시간이 지날수록 연간 164달러의 추가 비용이 계속 증가하게 될 것이다. 코카콜라는 57년 연속 배당금을 인상했다. 이는 코카콜라의 주가가 상승했음은 말할 것도 없고, 57년 연속 배당금을 인상했음을 의미한다.

배당금의 증식 효과

코카콜라는 20세기 초부터 배당금을 지급해왔으며, 1988년 이후 2,300% 이상 배당금을 인상하고 57년 이상 지속적으로 배당금을 늘려왔다. 현재 코카콜라는 주당 1.60달러 이상을 지급하고 있다. 하지만 되돌아가서 1988년에 배당금이 주당 7.5센트였다는 것을 보면 배당금의 복합 증식 효과가 수익에 얼마나 큰 영향을 미치는지 알 수 있다.

액수가 그리 크지 않아 보이겠지만, 워런 버핏을 포함한 많은 현명한 금융가가 코카콜라에 투자했다. 2020년에는 주당 배당금이 1.64달러에 달했다. 배당금 자체의 엄청난 증가와 DRIP을 통한 자동 재투자가 이러한 효과를 낳은 것이다. 배당금의 복합 증식 효과는 놀라운 결과를 가져다준다. 이것이 바로 부자들이 포트폴리오를 성장시키고 자산을 키우는 데 사용하는 방식이다.

이 전략을, 좋은 주식을 사서 보유하고 있지만 복합 증식 효과를 일으키는 주식은 보유하지 않은 전통적인 투자자들과 비교해보라. 그들은 주식 가격이 상승하여 언젠가는 이익을 보고 팔 수 있게 되기를 희망한다. 그들은 주가가 상한가일 때 팔고 시장이 급락하면 팔지 않을 것이다. 그들은 또한 주식을 팔면 세금을 내야 한다는 것을 망각한다. 심지어 20년 혹은 그 이상 주식을 보유하고 있어도 그들의 침묵하는 파트너인 기업에만 이득을 주는 끔찍한 경험을 하게 된다.

지금까지 주식 투자에서 이용 가능한 복합 증식 효과를 소개했는데, 더 강력한 복합 증식 효과가 하나 더 있다. 나는 이를 '주식 시장의 지주'라고 부른다. 이는 주가가 하락해도 주식으로 돈을 벌 수 있는 방법이다. 부자들이 하는 일은 주식 시장의 지주가 되는 것이다. 다음 장에서 어떻게 이에 합류할 수 있는지 알려줄 것이다.

Chapter 11

주식 시장의
지주가 되는 방법

에릭과 사라는 부동산 투자를 하고 싶어 했다. 에릭은 로스앤젤레스에, 사라는 인디애나폴리스에 거주했다. 이들은 우연히 거의 동시에 한 전문가가 계약금 없이 부동산을 취득하는 방법을 알려주는 책에 대한 광고를 보았다. 그것이 사실인지 의구심이 들었지만, 일단 무슨 내용인지 자세히 알아보기로 했다.

두 사람은 전화를 걸어 광고 중인 책 세트를 주문했다. 에릭의 소포는 도착했지만, 책 세트의 절반은 빠져 있었다. 받지 못한 후반부는 임대용 부동산에 관한 내용이었다. 에릭은 상승하는 주택 시장hot market에서 돈을 버는 일에 훨씬 더 관심이 많았기 때문에 크게 신경 쓰지 않았다. 반대로 사라는 책 세트를 받았지만, 상승하는 주택 시장 부분인 전반부는 빠져 있었다. 받은 것은 임대용 부동산에 관한 자료뿐이었다.

몇 주 후 이 책을 보고 계약금 없이 부동산을 취득하는 거래 방법을 파악한 두 사람은 첫 거래에 나섰다. 놀랍게도 책에서 알려준 방법이 실제로 효과가 있어서 두 사람 모두 계약금 없이 부동산을 취득할 수 있었다.

부자들의 재산 포트폴리오에는 항상 부동산이 있고 그것이 부의 열쇠임을 알았기 때문에 두 사람은 몹시 흥분했다. 하지만 에릭은 상승하는 주택 시장에만 온통 관심을 뒀고, 사라는 그보다 현금 흐름에 더 관심이 많았다. 그 결과, 에릭은 LA에서 50만 달러짜리 집을 샀고, 사라는 인디애나폴리스에서 7만 5,000달러에 집을 샀다. 이로써 두 사람 모두 괜찮은 금리로 대출을 받아 주택을 소유하게 되었다.

LA의 주택 시장이 활황이었기 때문에 에릭은 자신이 보유한 집의 가치가 오를 것이라고 예상했다. 사라는 집값이 오르는 것은 신경 쓰지 않고 대신 세입자를 구하는 데 집중했고, 월세 800달러에 임대를 놓았다.

LA의 주택 시장에 대한 에릭의 판단은 옳았다. 그의 집은 첫해에 5만 달러가 올랐다. 하지만 문제가 있었다. 대출에 따른 현금 출혈, 즉 상환해야 하는 원금과 이자가 연간 3만 5,000달러가 넘는다는 것이었다. 사라도 대출금을 갚고 있기는 마찬가지였다. 하지만 상환 금액은 연간 5,000달러가 채 되지 않았고, 월세를 받은 돈으로 상환금을 쉽게 충당하고 매월 여분의 돈까지 챙길 수 있었다.

에릭은 자신의 부동산 재산이 계속 늘어날 것을 확신하면서 버텼다. 사라는 들어오는 현금을 이용해 다른 부동산을 샀다. 그렇게 구입한 부동산은 모두 추가적인 현금을 만들어줬다. LA의 주택 시장은 때때로 등락을 거듭했지만 꾸준히 상승했다. 에릭은 10년 동안 버텼고, 50만 달러에 구입했던 집은 이제 50%가 올라 75만 달러가 되었다. 반면 사라는 같은 시점에 평균 10만 달러인 집을 열 채나 보유하게 되었다. 그녀는 이를 통해 매월 4,000달러가 넘는 현금 흐름을 만들어냈다.

어느 날 에릭은 어느 유능한 투자자와 이야기를 나누며 자신이 구입한 집이 얼마나 올랐는지 자랑했다. 집값이 어떻게 50%나 올랐는지, 그리고 이를 통해 어떻게 현금을 만들었는지 설명했다. 그런데 그의 말을 다 들은 투자자는 에릭에게 이렇게 물었다. "왜 다른 사람에게 임대를 놓지 않았죠?"

에릭은 갑자기 말문이 막혀 그를 멍하니 바라보았다. 불현듯 수년 전에 구입한 전문가의 책 중 절반이 없었다는 것이 기억났고, 그때 자신이 놓친 부분이 임대에 관한 것이 아닌가 하는 생각이 들었다. 투자자는 에릭에게 이렇게 말했다. "수익이 좋긴 했죠. 하지만 임대를 놓지 않았기 때문에 엄청난 돈을 벌 기회를 놓친 겁니다."

내 주식을 다른 사람에게 빌려준다고?

앞 장에서는 부자들이 어디에 투자하는지 배웠는데, 이 장에서는 투자로 벌어들인 돈을 두 배로 늘리는 방법을 배우게 될 것이다. 이러한 정보를 알지 못하는 아마추어 투자자들이 아주 많다. 하지만 이 장을 읽고 나면 당신은 그러한 아마추어 수준에서 벗어나게 될 것이다. '주식 시장의 지주가 되는 방법'을 알면 이 전략이 아주 흥미롭다는 것을 느낄 수 있을 것이다.

앞에서 제대로 된 주식에 투자해서 높은 수익률을 얻는 방법을 배웠다. 주식 투자자들 대부분은 이 책에 나오는 에릭과 같은 사람이다. 주가가 오를 주식을 열심히 물색하는 것이다. 이들은 주식 시장에서 도박으로 돈을 벌려고 하는 사람들이다. 지금쯤이면 당신은 그것이 일관되고 예측 가능한 부를 창출하는 방법이 아니라는 것을 알고 있어야 한다. 우리가 원하는 것은 탁월한 가치, 안전 그리고 일관된 배당금이다. 그럼 이제 다음 단계로 넘어가보자.

부자 투자자들은 우량주를 사서 보유한다. 자신이 보유한 주식에 대해 배당금을 모으고, 이상해 보이는 행동을 하기도 한다. 자신의 주식을 다른 사람들에게 빌려주는 것이다. 이는 마치 사라가 했던 것처럼 임대용 부동산을 소유하고 있는 것과 같다.

임대용 부동산을 운영해본 경험이 있는 사람도 있을 것이다. 어떤 면에서는 주식에도 같은 원리가 반영된다. 임대용 부동산을 가진 사람은 공실이 없기를 바란다. 이는 주식 시장에서도 마찬가지다. 하지만 많은 사람들이 보유하고 있는 주식을 공실처럼 방치하고 있다. 그 이유는 무엇일까?

임대용 부동산을 가진 사람은 공실이 없기를 바란다.

이는 주식 시장에서도 마찬가지다.

하지만 많은 사람들이 보유하고 있는 주식을 공실처럼 방치하고 있다.

주식 시장에 접근하는 것이 불가능하다고 느끼는 사람이 제법 많다. 그들은 쏟아지는 수많은 투자 정보와 조언에 과부하가 걸려 압도당하고 주식 시장에 의해 무력화된다. 이 장에서 하려는 일은 주식 시장을 세세한 단계로 나누는 것이다. 다시 말해 부자들이 하는 일을 하려는 것이다.

예를 들어 마이크로소프트MS에서 일어났던 일을 살펴보자. 2000년에 MS의 주식은 약 76달러에 거래되었다. 이 같은 주가는 당시로서는 높은 것이었다. MS는 좋은 회사였고 승승장구 중이었다. 하지만 2001년 시장이 붕괴되자 MS의 주가는 약 22달러로 떨어졌다. 주식 시장이 2000년 수준으로 되돌아왔을 때에도 MS의 주가는 회복되지 못했다. 소위 '느림보 주식lagging stock'이었던 셈이다.

한마디로. MS는 허우적거렸다. 정신없이 비틀거렸다. MS는 17년이 지나서야 76달러 수준을 겨우 회복했다. 이는 엄청나게 긴 시간이다. 지난 17년 동안은 자금 활용 손실, 기회 손실, 수익 손실 등을 겪었다. 하지만 MS에 투자한 모두가 같은 고통을 느낀 것은 아니었다.

MS가 어떻게 되었는지 끝까지 따라가보자. 부자 투자자에게는 얼마나 유리하게 작동했고, 다른 투자자들에게는 어떻게 손해를 주었는지 보여주고 싶다.

17년 동안 MS 주식을 소유했던 일반적인 투자자라면 주식이 회복되기를 기다렸을 것이다. MS를 일부 또는 전량 매도하기로 결정하거나, 주가가 처음 매수했던 수준으로 돌아오기까지 17년 동안 기다리거나 둘 중 하나다. 회복된 이후 2021년 9월 현재 MS는 300달러 내외에서 거래되며 고공행진 중이다. 하지만 이렇게 되기까지 기다리기에는 너무나도 긴 시간이었다.

앞서 말했듯이 전통적인 투자자들은 MS 주식에 싫증을 느끼고 모두 팔아버렸다. 그것이 2000년 수준으로 회복될 조짐이 전혀 보이지 않았기 때문이다. 그들은 손해를 보면서도 MS 주식을 손절하고 다른 주식으로 갈아탔다. 그렇게 함으로써 MS 주식에 대한 중요한 매수 시점을 놓쳤다. 그들이 전통적인 투자자의 사고방식으로 행동하고 부자들이 하는 일을 하지 않았기 때문이다. 그러면 부자 투자자의 전략을 살펴보자.

MS는 처음에도 그렇고 기술 거품 시기를 거치면서도 배당금을 지급하지 않았다. 하지만 지금은 배당금을 지급하고 있으며, 이는 수년간 이어져 온 것이다. 현재 배당금은 2달러 정도지만, 이는 언제든 바뀔 수 있다. 배당금은 늘기도 하고 줄기도 하지만, 회사가 큰 어려움을 겪지 않는 한 급감하는 경우는 거의 없다. 이 전략을 알려주기 위해 다음의 수치를 제시하고자 한다.

당신이 주당 76달러에 MS 주식 100주를 가지고 있다면 이 주식 전체는 7,600달러 상당의 가치가 있다. 당신이 받을 배당금은 연간 150달러다. 앞서 언급한 DRIP을 통해 이 배당금을 다시 주식 매입에 재투자해야 한다. 1년에 150달러가 그다지 큰돈으로 보이지 않겠지만, 이 숫자 하나만 보고 배당금의 영향력을 모두 알 수는 없다. 앞장에서 배당금이 얼마나 중요한지 보여주는 사례를 소개했다. 연간 150달러가 그 자체로는 그리 커 보이지 않을 수도 있지만, 만약 그 배당금을 받고 그것을 더 늘릴 수 있다면 어떨까?

모든 임대에는 지주가 필요하다

이제 주식을 빌려주고 주식 시장의 지주가 되어보자는 생각에 이르렀을 것이다.(이를 '주식 대여/대차거래'라고 한다. 즉, 기관 투자자 등이 개인 주주에게 대여 수수료를 지불하고 주식을 빌려 공매도나 헤징 등을 하는 것을 말한다. - 옮긴이 주) 주식 대여를 이용하면 사라의 부동산 임대 포트폴리오와 비슷한 방식으로 현금 흐름을 늘릴 수 있다. 이렇게 생각해보자. 주택 시장에서 부동산을 임대 놓을 때에는 보통 월세가 들어온다. 주식 시장에서도 같은 일을 할 수 있다. 월소득, 월임대료, 때로는 주임대료도 받을 수도 있다.

MS의 주식 임대를 예로 들어보자. MS 주식은 주당(일주일) 20~50센트에 대여할 수 있다. 1년은 52주다. 이 사례를 과장하고 싶지는 않기 때문에 주당 대여 수수료를 50센트로 생각하지는 않을 것이다. MS의 주당 평균 대여 수수료는 중간쯤인 35센트로 계산하기로 하자. MS의 주식을 가지고 주당 35센트 정도의 대여 수수료를 받는 것은 가능한 일이다. 대여 수수료는 이보다 조금 더 적을 수도 있고 조금 더 많을 수도 있다. 여기서는 수치를 더 보수적으로 잡기 위해 1년의 절반인 26주 동안만 빌리는 것으로 생각해보자. 이 전략의 사용법을 배우면 더 많은 대여를 통해 더 많은 돈을 벌 수 있다.

우선 이 전략의 기본을 잘 파악하고 그 작동법을 터득하는 것이 중요하다. MS의 주식을 100주 보유한 사례를 계속해서 살펴보자. 이 경우 1년 중 26주 동안 35센트에 대여한다고 가정하자. 그러면 대여 수수료로 매주 35달러를 벌게 된다. 26주 동안 대여를 계속하면 그해의 주식 대여 수수료 수입은 910달러다. 이 정도면 꽤 괜찮은 수입이다. 또한 별도로 받을 배당금이 연간 150달러다. 처음에는 이 배당금이 시시해 보였겠지만 이 주식을 대여한 결과, 챙기는 돈이 상당히 많아졌다.

여기서는 주식을 대여하는 기간을 보수적으로 1년 중 절반만 잡았다. 그래도 대여 수수료 수입 910달러와 배당금 150달러로 1년에

1,000달러 이상의 총수입을 올릴 수 있다. 이러한 일이 17년간 계속 된다고 하자. MS 주식은 17년 동안 요지부동이었고, 이에 많은 투자 자들이 그 주식을 팔았다. 만약 그들이 주식 시장에서 지주가 되는 방 법을 알았다면, 이를 현금 흐름 도구로 이용해 1만 8,000달러 이상을 벌었을 것이다. 게다가 주가가 대폭 상승한 후에는 매수 때보다 훨씬 더 올라간 가격의 주식을 소유했을 것이다. 주식을 언제 매도해야 할 지에 대한 걱정은 이제 그만 접어두자. 좋은 주식을 사서 현금 흐름의 도구로 바꾸고, 무엇을 할 수 있는지 알게 되면 큰 힘이 생긴다.

또한 주식을 대여하는 것만으로 창출한 이 1만 8,000달러의 이익이 단지 6개월만 대여한 보수적인 추정치에 근거했다는 점을 기억해야 한다. 1년 중 4분의 1의 기간에 대여한다면 어떨까? 아마도 더 많은 돈을 벌게 될 것이다. 또 여기서는 100주만 보유했다고 가정했는데, 만약 1,000주라면 어떨까? 혹은 1만 주라면? 수입은 기하급수적으로 늘어난다. 이는 주식 100주만 가지고 추산해본 수치다. 배당금이 계 속 들어오면 더 많은 주식을 매수하는 것으로 재투자될 것이다. 결과 적으로 활용성은 훨씬 더 높아진다. 결국 17년 동안 1만 8,000달러 이 상을 벌었을 것이다. 게다가 이 같은 수입을 얻으면서 훌륭한 주식도 계속 보유하고 있지 않은가.

지금 무슨 생각이 들지 잘 안다. '왜 더 많은 사람이 이런 일을 하지 않는 거지?'라고 생각할 것이다. 사람들은 대부분 돈 벌 수 있는 재료 의 절반만 가지고 있고, 벌 수 있는 돈의 절반만 번다. 급등할 만한 주식에 지나치게 집중해서 현금 흐름의 옵션을 아예 생각 안 하거나 몹시 흥분해서 잊어버린다. 하지만 사라처럼 돈의 복합적 증가 효과를 일으키려면 투자를 늘리기 위해 현금 흐름을 사용해야 한다. 어떤 것도 팔지 않기 때문에 손실도 없다. 배당주를 사면 현금 흐름이 생긴다. 주식을 대여함으로써 현금 흐름을 상당히 늘릴 수 있고, 주식 매도 옵션을 통해서도 주식을 다른 사람(기관)에게 빌려줄 수 있다.

옵션 시장을 이용해 내 주식 대여하기

실제로 주식을 어떻게 빌려줄까? 부동산 업계에서는 임대를 놓는 것이 간단하지만, 주식 시장에서는 어떻게 할까? 정답은? 주식 선물옵션 시장을 이용하는 것이다. 사실 이는 주식 시장과는 별개의 시장으로, 여러 가지 주식 시장의 이점을 제공받을 수 있다. 옵션 시장을 이용해 자신의 주식을 다른 사람(기관)에게 대여하면 배당금보다 훨씬 더 많은 현금 흐름을 가져올 수 있다. 그러면 배당금은 인플레이션에 대한 헤징 수단이 될 것이고, 재투자 레버리징을 통해 더 많은 주식을 모을 수 있게 된다.

옵션은 주식 보유자와 시장 조성자(주로 단기적 가격 변동이나 수급 상황의 변동을 이용해 이익을 얻을 목적으로 계좌 거래를 활발히 하는 거래인 또는 거래기관 - 옮긴이 주) 간의 계약이다. 시장 조성자는 거래를 하려는 상대방이다. 주식 시장에서 이러한 거래를 할 수 있는 이유는 이처럼 매수나 매도를 원하는 상대방이 항상 존재하기 때문이다. 상대방은 사람인 경우도 있고, 전자 프로그램(시스템)인 경우도 있다. 거래를 하고 항상 사고팔 수 있는 시스템이나 사람이 존재하는 것이다. 옵션 시장에서는 누군가 특정 주식을 매수하거나 매도할 권리에 대한 계약을 거래하는 것이다.

예를 들어 주식 보유자는 시장 조성자에게 MS의 주식을 100주마다 2,250달러의 (행사) 가격으로 4주 동안 주당 1.00달러의 대여 수수료를 받고 매수할 권리를 팔 수 있다. 주식을 판매해야 할 의무를 지게 되는 대가로 100달러를 버는 것이다. 그러면 앞으로 4주 동안 시장 조성자는 MS의 실제 주가와 상관없이 주식 보유자에게 주식을 1주당 225달러에 팔도록 강제할 수 있다. MS의 주식이 주당 230달러에 거래 중이라고 하더라도 시장 조성자는 225달러에 매도하라고 강제할 수 있다. 이것이 바로 옵션 계약이다.

우선은 옵션을 판매하는 일에만 집중하고 구매를 시작하지는 말라고 권하고 싶다. 옵션 구매를 원하는 거래인들은 많다. 하지만 옵션 구매는 개인이 무턱대고 시작하기에는 부적합하다. 나는 개인적으로 옵션 트레이더들을 전문 도박꾼이라고 생각한다. 내가 라스베이거스에 거주하는 사람이기 때문에 도박이 어떤 것인지 잘 안다. 성공한 도박꾼은 10% 미만이며, 성공한 옵션 트레이더의 비율도 거의 비슷하다. 즉, 돈을 버는 옵션 트레이더는 10%도 안 된다. 반대로 카지노 업체는 90%가 돈을 번다. 따라서 차라리 카지노가 되는 것이 낫다. 옵션 시장에서는 보유 중인 주식에 대한 옵션을 판매하는 사람이 바로 카지노다.

옵션의 두 종류, 콜옵션과 풋옵션

옵션은 항상 계약으로 시작한다. 옵션 계약에는 콜옵션call option과 풋옵션put option이라는 두 가지 형태가 있다. 이를 통해 옵션을 구매할 때에는 특정한 권리가 생기고, 옵션을 판매할 때에는 특정한 의무가 생긴다. 거래인은 콜옵션과 풋옵션을 모두 보유할 수 있고, 이를 사거나 팔 수 있다. 먼저 옵션 구매가 무엇인지 살펴보자.

거래인은 콜옵션을 살 수 있다. 이는 특정 주식 100주를 이른바 '행사 가격'이라고 하는 특정 가격에 매수할 수 있는 권리를 주는 것이다. 그러면 이 주식을 정해진 기간에 구체적으로 합의한 가격, 즉 행사 가격으로 살 수 있다. 풋옵션도 살 수 있다. 이는 주식 100주를 정해진 기간에 합의한 가격으로 매도할 수 있는 권리를 주는 것이다.

구매에 대해서만 언급하고 싶지만, 우리는 옵션을 팔아야 하는 사람이다. 즉, 카지노다. 주식 대여를 이해하려면 옵션 판매가 어떤 것인지도 알아야 한다. 콜옵션을 판매하는 경우에는 특정 주식 100주를 합의한 가격과 특정 시간에 인도하거나 판매해야 할 의무가 생긴다.

쉽게 이해할 수 있도록 집을 예로 들어보겠다. 주택 시장에서 마음에 드는 20만 달러짜리 집을 발견했다고 가정해보자. 당신이 너무나도 사고 싶은 집이다. 그러면 당신은 판매자와 계약 체결에 돌입하게 된다. 당신은 이렇게 말할 것이다. "제가 지금 당장은 현금이 없는데, 계약금을 먼저 드리면 어떨까요? 그러니까 이 집을 살 권리를 저한테 주신다면 2,000달러를 드릴게요."

당신이 이러한 조건을 정할 경우 우선 2,000달러만 있으면 정해진 기간 내 20만 달러에 집을 살 수 있다. 단, 제약은 있다. 당신은 30일 이내에 이 집을 살 권리가 있고, 그 권리에 대해 2,000달러를 지불한 것이다. 그것이 당신이 체결한 계약서의 내용이다. 그 계약의 상대방 당사자인 판매인(또는 이 사례에서 집주인)도 일정한 의무가 있다. 집주인은 계약 기간에 다른 사람에게 집을 팔 수 없다. 그리고 합의된 가격으로 그 집을 당신에게 전달해야 한다. 집을 30만 달러에 팔지는 못한다. 당신에게 판매하는 가격을 20만 달러로 하는 데 동의했기 때문이다. 만약 당신이 그 집을 사지 않으면 2,000달러는 그냥 집주인이 가져가게 된다. 그가 계약서에 따라 그 계약금을 당신에게 돌려주지 않는다면 계약은 파기된 것이므로 당신은 그 집을 사지 않아도 된다.

당신은 집을 살지 말지 결정해야 한다. 그 집을 사지 않기로 결정하면 집주인은 당신의 2,000달러를 가질 수 있다. 주식 시장에서 거래되는 옵션도 동일한 방식으로 작동한다. 마치 당신이 집을 사기 위해 걸어놓은 계약금처럼 말이다. 그 계약금을 집에 걸린 계약금 2,000달러와 비슷한 콜옵션이라고 생각해보자. 콜옵션 구매자는 특정 가격으로 판매자의 주식을 매수할 권리를 가지게 된다. 콜옵션을 구매하면 그렇게 된다. 당신이 콜옵션 판매자라면 구매자에게 당신의 주식을 인도할 의무가 있다. 콜옵션을 팔았다면 집주인처럼 주식을 인도할 의무가 생기는 것이다. 당신이 그런 내용의 계약서로 집을 팔 경우 구매자가 그 집을 사고 싶다면 전달해야 할 의무가 있다.

본격적으로 주식 대여하기

나는 먼저 투자부터 시작해보라고 제안하고 싶다. 트레이더들이 가진 문제점 중 하나가 전통적인 투자자들이 가진 문제점과 같기 때문이다. 그것은 보유한 것을 판매해야 할 적당한 시기를 맞춰야 한다는 것이다.

콜옵션을 샀는데 주가가 상승하지 않고 폭락하면 어떻게 할 것인가? 그러면 콜옵션은 급락하고 결국 돈을 잃게 된다. 그렇게 하지 않고 대여할 수 있는 주식을 사면 어떨까? 콜옵션을 사서 그냥 내버려두고 판매할 시기를 맞추는 대신 부자 투자자들이 하는 일을 하는 것이다. 바로 대여할 수 있는 주식을 사는 것이다. 만약 그렇게 할 수 있다면, 그리고 대여 수수료와 배당금을 통해 일관된 매출 흐름을 가져올 수 있다면 투자자들은 주식 시장의 호황과 불황의 순환 고리에서 벗어날 것이다. 그렇게 하지 않으면 등락을 거듭하는 시장에 휘둘리게 된다. 겁에 질렸다가, 정말 행복해하다가, 다시 겁에 질렸다가, 다시 행복해하면서 급등주를 잡아 한몫 챙기기 위해 아등바등하게 되는 것이다. 현금 흐름을 가져다주는 도구로 주식을 대여할 수 있고 주가 변동에 대해 걱정하지 않아도 된다면 어떨까?

이 전략에 대해 좀 더 깊이 생각해보자. 주식 대여 수수료는 사실 당신이 이미 보유하고 있는 주식에 대한 판매 옵션이다. 콜옵션은 당신과 시장 조성자 사이의 계약이다. 그것은 콜옵션의 구매자에게 특정 만기일 또는 그 이전에 정해진 가격으로 주식을 살 권리를 부여한다.

우리가 소유해야 할 것은 옵션 거래가 가능한 주식이다. 옵션 거래가 가능한 주식을 소유하고 있다면 정해진 기간 내 그 주식을 행사 가격에 팔 수 있다. 이것이 콜옵션 판매다. 그것이 당신의 주식 대여 수수료다. 구매자가 당신의 주식을 행사 가격으로 가져가기로 했다면 당신은 그 주식을 인도할 의무가 있다. 이는 집에 설정된 2,000달러의 계약금과 같다. 집주인이 그러한 계약 내용으로 누군가에게 집을 팔고, 그 구매자가 정해진 기한 내 "당신의 집을 사겠어요."라고 말하면 집주인은 그 집을 팔아야 한다. 주식 시장에서도 똑같은 일을 하게 된다. 주식을 소유하고 있기 때문에 '커버드콜covered call(주식을 특정 가격에 살 수 있는 옵션을 파는 것 - 옮긴이 주)'을 판매한다. 이는 부자들이 수년 동안 보유했던 주식을 팔지 않고도 포트폴리오로 돈을 벌기 위해 해온 일이다.

돈을 벌기 위해 주가가 오르기를 기다리지 말고 주식을 대여하면서 배당금을 모아 돈을 벌 수 있다. 이것이 MS의 사례에서 17년 동안 일어난 일이다. 당신은 배당금을 모으고, 커버드콜을 팔 수 있다. 처음에 보유했던 주식을 계속 소유하며 17년 동안 대여 수수료를 받고 있기 때문이다.

이 전략의 최고 장점은 현금 흐름 수단을 가지고 있기 때문에 주식이 올라가든, 내려가든, 횡보하든 전혀 상관없다는 것이다. 앞에서 임대용 부동산의 가치에 대해 걱정하지 않아도 되는 이유를 이야기했듯이 단지 현금 흐름만 확실하게 만들면 된다. 돈이 들어오도록 확실하게 만들기만 하면 된다. 시간이 지날수록 가치가 증가하기 때문이다. 이는 굉장한 일이다. 이것이 커버드콜 전략이다. 그 작동 원리는 다음과 같다.

주식을 사고, 그 주식에 대한 대여 수수료를 챙기거나 콜옵션을 판매한다. 그리고 주가가 오르면 주식을 매도하면 된다. 주가가 횡보하거나 하락할 경우에는 주식을 보유하고 있다가 다시 콜옵션을 매도하면 된다. 그것이 17년 동안 MS를 소유하면서 단 한 번도 팔지 않고 주식 대여 수수료를 계속 가져올 수 있었던 비결이다. 하지만 주식 시장에서의 옵션은 주택 시장에서의 옵션이나 임대용 부동산보다 더 활용성이 크다. 왜냐하면 주식 시장에서는 팔았던 옵션을 다시 살 수도 있기 때문이다.

지금은 개략적인 것만 설명할 것이기 때문에 옵션을 1달러에 팔았다가 50센트에 다시 살 수 있다는 정도만 알려주고 더 깊게 파고들지는 않을 것이다. 이 옵션이 다시 1달러를 회복하면 또 팔면 된다. 그리고 또 떨어지면 다시 살 수 있다. 부자 투자자들은 이 간단한 전략을 이용해 일관되게 돈을 벌고 있다.

가령 XYZ 주식을 12달러에 매수해서 13달러에 매도한다고 가정해보자. 이 주식의 콜옵션을 13달러의 행사 가격으로 판매할 수 있으며, 그 대여 수수료는 1.20달러다. 당신은 13달러에 당신의 주식을 살 수 있는 권리를 누군가에게 판매한다. 이 콜옵션을 구매한 누군가는 정해진 기간에 당신에게서 그 주식을 살 수도 있고 사지 않을 수도 있다. 하지만 당신은 그들이 어떤 선택을 하든 상관없이 이 옵션 거래를 통해 1.20달러를 벌 수 있다. 그것이 주식 대여 수수료다.

이 주식의 주가가 14달러까지 오르면 어떻게 될까? 그러면 콜옵션 구매자는 아마도 14달러가 시세인 주식을 사는 대신 13달러를 주고 당신에게서 주식을 사는 것을 선택할 것이다. 그들은 아마도 당신에게서 주식을 매수할 것이다. 이는 정말 환상적인 거래다.

당신은 주식을 12달러에 매수했기 때문에 결국 1달러를 벌게 되었다. 기억해야 할 일은 14달러에 파는 것이 아니라 12달러를 주고 산 주식을 13달러에 팔았다는 것이다. 지금 당신은 주식 판매에서 1달러와 콜옵션 판매를 통한 대여 수수료로 1.20달러의 수익을 올렸다. 당신은 투자를 통해 2.20달러를 벌었다. 당신은 주가가 하락하면 언제든 주식을 다시 사거나 옵션을 다시 사들일 수 있다. 하지만 본질은 당신이 보유한 주식에 대한 콜옵션을 판매한다는 것이다. 이러한 원리가 작동하는 것을 보여주는 몇 가지 다른 사례도 있다.

당신은 12달러에 매수한 XYZ 주식과 같은 주식을 보유하고 있다.

그리고 똑같이 13달러에 콜옵션을 판매한다고 가정하자. 당신은 같은 대여 수수료 1.20달러를 벌었고, XYZ 주식은 11달러로 하락한다면 어떻게 될까? 주식 시장에서 11달러에 XYZ 주식을 매수할 수 있다면 아무도 당신에게서 13달러를 주고 같은 주식을 매수하려 하지 않을 것이다. 여기서 일어나는 일은 주식이 11달러에 거래된다면 당신은 그 주식을 계속 보유하게 될 것이라는 점이다. 다른 날 이 주식을 대여해도 되겠지만, 대여 수수료 1.20달러는 그대로 유지하게 된다. 그러면 콜옵션을 판매해서 얻은 수입은 그대로 가지고 가면서 주식도 그대로 보유하고 있게 된다.

당신이 주택에 대한 2,000달러짜리 옵션(계약금)을 걸었던 구매자라면 "잠깐만요, 제가 방금 실직을 해서 집을 살 수 없게 되었어요."라고 말할 수 있다. 그래도 괜찮다. 집을 사지 않고 포기해도 된다. 주인은 집을 유지하게 된다. 그런데 만약 무슨 일이 생겨서 당신의 콜옵션을 구매한 사람이 당신의 주식을 가져가려 하지 않는다면 어떻게 될까?

이 시나리오에서는 주식 시장에서 11달러에 같은 주식을 구매할 수 있기 때문에 아무도 당신의 주식을 13달러에 인수하지 않으려 하는 것이다. 그래서 당신이 주식을 계속 소유하게 된다. 콜옵션은 다른 날 판매할 수 있고, 1.20달러의 대여 수수료는 지킬 수 있다. 여기에 흥미로운 사실이 있다. 주가가 1달러 하락하면 걱정해야 할까? 그렇지 않다. 주가가 등락을 거듭한다는 사실을 이미 알고 있기 때문이다. 당신이 좋은 주식을 가지고 있다는 점과 콜옵션을 판매했다는 점을 기억하라.

손실을 줄여주는 커버드콜 활용하기

또 다른 예를 살펴보자. 주가의 움직임은 상승, 하락, 횡보 세 가지 중 하나이기 때문에 또 다른 일이 일어날 수 있다. 만약 이 주식을 12달러에 사서 똑같은 13달러에 콜옵션을 팔고 1.20달러의 대여 수수료를 가져온 후 13달러로 소폭 오른다면? 이는 주식 시장에서 살 수 있는 가격과 같은 가격이다. 당신이 매도하려는 것과 같은 가격의 주식이 있는 이런 상황에는 무슨 일이 일어날까? 콜옵션이 팔릴 수도 있고 팔리지 않을 수도 있다. 아마도 50 대 50의 확률이 될 것이다. 하지만 어느 쪽이든 상관없다.

만약 콜옵션 판매 주문을 받는다면 좋은 일이다. 1달러의 차익으로 주식을 팔면서 콜옵션을 판매한 대여 수수료 1.20달러를 가지면 된다. 콜옵션 판매 주문이 없다고 해도 당신은 여전히 대여 수수료 1.20달러를 챙기며 다음번에 콜옵션 권리를 판매할 수 있는 주식을 보유하고 있다. 일정 시기까지 특정 가격에 주식을 구입할 수 있는 권리인 콜옵션을 판매하고 있으면 보유하고 있는 주식과 반대 방향으로 움직이기 때문에 주식이 하락할 경우 손실을 보완해준다. 이것이 커버드콜 전략이다.

커버드콜을 판매한 사람은 당연히 정해진 기간 내 주식을 전달해야 할 의무가 있다. 구매자가 기간과 가격을 선택해서 그 주식을 사기로 선택한다면 그 기간 내에 합의한 특정 가격으로 판매해야 한다.

마지막으로 다시 집을 예로 들어보자. 당신이 집주인인데 2,000달러의 계약금을 받고 누군가에게 팔았고, 그 계약으로 그 사람은 20만 달러에 당신의 집을 살 수 있는 권리를 얻었다. 이는 주식 시장에서도 같은 방식으로 작동한다. 주식을 소유할 때 당신은 소유하고 있는 주식에 대한 콜옵션의 권리를 팔 수 있다.

MS 같은 주식을 100주나 살 여유가 없다는 이유로 이러한 거래 방식을 꺼릴 수 있다. 하지만 이는 문제가 되지 않는다. 이 전략의 가장 좋은 점은 옵션이 있는 어떤 주식과도 함께 이용할 수 있다는 것이다. 처음부터 MS나 다른 값비싼 주식을 살 필요는 없다. 예산에 맞는 다양한 수단을 이용하면 된다. 주식은 10달러대부터 20달러대, 50달러대, 수백 달러대까지 다양하다. 선택의 폭은 넓다.

처음부터 MS나 다른 값비싼 주식을 살 필요는 없다.
예산에 맞는 다양한 수단을 이용하면 된다.

뮤추얼펀드보다 유리한 ETF와 리츠

또 다른 수단으로 상장지수펀드ETF가 있다. 이는 주식 꾸러미이며, 뮤추얼펀드를 사는 것보다 더 유리하다. ETF를 구입하면 뮤추얼펀드에 투자했을 때보다 더 잘할 수 있음은 물론, ETF에 대한 콜옵션 판매를 할 수도 있다. ETF에서도 커버드콜 전략을 수행할 수 있다. 뮤추얼펀드로 모든 수수료를 지불하지 않아도 되고, 콜옵션을 판매하고 배당금을 모아 더 많은 레버리징을 할 수 있다.

같은 맥락에서 부동산 투자 신탁인 리츠REIT라는 것도 있다. ETF와 리츠의 가격은 매우 다양하다. 이렇게 하면 몇 가지 선택권을 얻을 수 있으며, 이 전략을 크게 혹은 느리거나 작게 시작할 수 있다. 전략의 작동 방식을 이해하고 기계 장치의 등급을 낮추는 것으로 천천히 시작하는 것이 합리적일 수 있다. 이제 막 시작해서 장기적인 거래를 생각한다면 이곳은 시작하기에 좋은 장소다.

이 부분을 확실히 이해하고 넘어가기 위해 커버드콜에 대한 몇 가지 단계를 검토해보도록 하겠다. 가장 먼저 해야 할 일은 증권 계좌를 개설하는 것이다. 다음 단계는 100주씩 한 묶음으로 주식을 사는 것이다. 그래야 옵션을 팔고 대여 수수료를 가져올 수 있다. 일곱 가지 기준을 충족하는 배당주를 찾아야 한다.(자세한 설명은 다음 장에 나온다.) 일곱 가지 기준 중 두 가지는 배당률이 충분히 커야 한다는 것과 옵션 판매가 가능한 주식이어야 한다는 것이다. 일곱 가지 기준이 충족되고 100주의 주식들을 모았다면 커버드콜 옵션을 판매할 수 있다.

이제 콜옵션을 팔아서 거래를 개통하면 된다. 이는 당신이 앞으로 계속 쓰게 될 용어다. 옵션 체인을 점검하여 판매하기에 가장 좋은 위험 및 보상 옵션을 찾아야 한다. 이는 괜찮은 대여 수수료를 가져오는 것과 실제로 주식을 팔 가능성을 낮추려는 것 사이에서 균형을 잡아야 한다는 것을 의미한다. 따라서 위험은 가장 낮고 보상은 가장 큰 옵션을 팔기 위한 정말 좋은 지점이 나온다. 머니 옵션은 전부 팔기를 권한다. 이는 쉽게 말해 주식을 매수한 가격보다 더 높은 가격으로 옵션 판매를 하라는 의미다.

최악의 시나리오는 주가가 급등했을 때 약간의 이익을 보고 팔고서 옵션료를 유지하는 것이다. 그래도 당신은 여전히 돈을 번다. 이는 아주 강력한 전략이다. 그래서 부자들이 이 전략을 사용하는 것이다. 일단 이렇게 하면 커버드콜을 판매하고 기다리면 된다. 도중에 배당금을 챙기면서 콜옵션 판매 주문을 받지 않으면 다음에 콜옵션을 팔면 된다. 콜옵션 판매 주문을 받으면 둘 중 하나를 하면 된다. 같은 주식을 다시 사거나 완전히 새로운 주식을 찾는 것이다. 어쩌면 당신은 마음에 드는 다른 주식을 찾고 있었을 수도 있다. 주식 한 주를 팔게 되면 이제 당신의 계좌에는 다른 주식에 다시 투자할 현금이 생긴다.

옵션을 판매한 주식이 하락하기 시작하면 옵션 가치도 하락한다. 옵션을 주당 1달러에 팔면 주당 25센트에 다시 살 수 있다. 둘 다 지불한 옵션보다 더 낮은 가격으로 옵션을 다시 구입할 수 있으며(이를

'콜옵션을 사서 마감한다'고 한다), 주가가 더 하락할 것이 우려되면 보유한 주식을 팔면 된다. 나는 일반적으로 매도하는 것을 좋아하지 않는다. 사실 나는 한번 산 주식을 끝까지 가지고 가는 편이다.

내가 무언가를 사는 이유는 포트폴리오에 담고 싶기 때문이다. 내가 주식을 매도하는 유일한 경우는 배당금이 대폭 삭감되거나 스캔들, 큰 소송 또는 기술 퇴보 같은 중대한 사건이 발생해서 회사를 망칠 정도로 회복이 불가능해 보일 때뿐이다. 그렇지 않으면 그대로 보유하고 있다가 배당금을 받아서 갚는다. 배당금과 옵션을 가지고 있으면 주식은 말 그대로 시간이 지남에 따라 본전을 뽑고 손실 위험도 0으로 낮아질 것이다.

간단히 말해 이것이 주식 시장의 지주가 되는 전략이다. 집주인이 되어 옵션 시장을 이용한다면 정말로 경이로울 것이다. 사라처럼 당신은 주가가 상승할 것인지에 대한 걱정은 그만두고 대여 수수료에 집중해야 한다. 시간이 지나면 당신은 주식을 매입하는 데 얼마를 지불했는지 기억도 못 할 것이다.(혹은 신경 쓰지도 않을 것이다.)

Chapter 12

경제적 등급
높이는 방법

지금까지 무한 투자로 가는 길에 도움이 되는 많은 내용을 다루었다. 이제는 이 모든 것을 작동시키고자 한다. 이 장에서는 어떻게 경제적 등급을 높여 경제 상황을 개선할 수 있는지 보여줄 것이다. 우리는 이제 부유한 사람들이 투자하는 곳과 배당금을 만들어내는 주식에 대한 옵션을 팔아서 주식 시장의 주인이 되는 방법을 알고 있다. 그렇게 하면 수익을 두 배로 올릴 수 있고, 돈을 벌 수 있다.

　나는 항상 사람들에게 자신의 계좌에 얼마가 들어 있는지를 보지 말고 그 계좌가 앞으로 어떤 가치를 창출할 것인지를 보라고 말한다. 만약 지붕에 시세 표시가 달려 있거나 집의 가치를 실시간으로 보여주는 임대용 부동산이 있다면 우리는 그것을 보면서 미쳐버릴 것이다. 다른 자산으로도 그런 일을 하면 안 된다. 자산이 창출하는 것을 봐야 한다.

높은 등급으로 이동하는 방법

이제 농노에서 도제로, 기사로, 집사로 경제적 등급을 높이는 방법을 알려주고자 한다. 이번 장에서 배울 내용은 당장 실행해야 할 단계다. 구체적인 행동, 행동 사항, 무한 배분 모델, 90일 투자 계획표 작성법 등을 배우게 될 것이다. 마지막으로 수많은 정보와 지원을 제공하는 협력 단체에 가입하는 방법을 설명할 예정이다. '진정한 자산은 네트워크'라는 말이 있다. 당신의 네트워크가 무한 투자이길 바란다. 그곳에 도달하기 위해서는 단계를 거쳐야 한다.

당신이 가장 먼저 하고 싶은 것은 어디에 투자해야 하는지 파악하는 일일 것이다. 당신의 잉여 수입을 검토하고 자산 배분 모델에 얼마를 설정할 수 있는지 결정해야 한다.

4장에서 소개한 존스 가문을 예로 들어보자. 그들은 1,000달러의 잉여 수입과 1,000달러의 불필요한 부채를 가지고 있었다. 이는 그들이 정말로 원한다면 자산 배분 모델에 매달 2,000달러를 투입할 수 있음을 의미한다.

당신의 상황은 다를 수 있다. 많이 가지고 있을 수도 있고 덜 가지고 있을 수도 있지만, 당신은 그것을 알아내고 최대한 투입할 수 있는 규모를 파악하고자 할 것이다. 때로는 매월 지불해야 하는 청구서처럼 취급하는 것도 좋다. 실제로 성장시키려면 양분을 공급해야 하기 때문이다. 그러니까 수치를 정해놓고 마치 공과금처럼 매달 일정한 금액을 투입하는 것이 좋다. 자동결제로 설정해도 상관없지만, 그렇게 하면 우리가 할 일이 없다. 재무 설계에서 최악의 적은 일반적으로 우리 자신이다.

재무 설계에서 최악의 적은 일반적으로 우리 자신이다.

만약 이제 막 투자를 시작했고 돈이 거의 없는 사람이라면 당신은 가상 거래paper trading를 해보고 싶을지도 모른다. 가상 거래는 가상의 계좌와 가상의 돈을 가지고 거래하는 것이지만, 시장의 실제 숫자를 사용하는 멋진 방법이다. 미국의 증권사 아메리트레이드의 플랫폼인 'Think or Swim(TOS)'에는 가상 증권 계좌를 가지고 거래하면서 당신이 어떻게 활동하고 배우는지 볼 수 있는 가상 거래 플랫폼이 있다. 하지만 궁극적으로는 어떤 전략이든 실제로 '실행'하고 그 결과를 보는 것을 대체할 수는 없다.

무한 자산 배분 모델

지금부터 설명할 자산 배분 모델은 재무설계사들이 '예일 모델'이라고 부르는 것에 기초한다. 예일대학교의 기부금은 1985년 10억 달러에서 2019년 290억 달러, 2020년에는 310억 달러 이상으로 늘어나며 수년간 괄목할 만한 성공을 거두었다. 예일대학교의 기금 관리를 맡은 재무설계사 데이비드 스웬슨은 포트폴리오 관리에 있어 현금을 부정적으로 간주하고 영구 소득, 세금 우대 투자, 자산 등급의 광범위한 다양화 그리고 대체 투자에 집중했다. 나처럼 그 역시 뮤추얼펀드 업계의 많은 부분을 회의적으로 바라보았다. 투자운용사와 투자자 사이의 갈등과 뮤추얼펀드에 흔히 존재하는 과도한 수수료 때문이었다.

나는 예일 모델에서 많은 개념을 가져와 투자자들이 실행할 수 있도록 축소했다. 나는 이를 '무한 자산 배분 모델'이라고 부른다. 이 모델은 아주 간단하며 자산을 키우는 데에도 대단히 성공적이라는 것이 입증되었다. 자산 영역은 다음과 같이 구분된다.

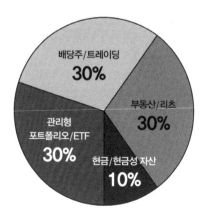

첫째는 개인 거래 계좌를 통해 배당주를 매수하는 것이다. 11장에서 배웠던 것처럼 주식 시장의 지주가 되는 것이다. 둘째는 부동산에 투자하는 것이다. 이는 단지 많은 집을 사야 한다는 의미가 아니다. 주식 시장을 통해 부동산에 투자하는 방법을 보여줄 것이다. 공모와 사모를 통한 기회도 있다. 셋째는 관리형 포트폴리오라고 불리는 범주에 30%를 배분하는 것이다. 이는 당신이 제3자에게 매우 다양한 포트폴리오를 감독하도록 허락한다는 의미다. 이 펀드는 ETF나 기타 종류의 펀드로 관리될 수 있지만, 뮤추얼펀드로는 관리되지 않는다. 관리형 포트폴리오의 수수료로 1% 이상 지출하지 않아야 할 것이다. 하지만 위험에 노출되지 않기 위해서는 누군가 계속해서 지켜보게 해야 한다.

위의 세 가지 투자 범주 외에 비상시를 대비해 현금 또는 현금성 자산으로 10%를 보유해야 한다. 더욱 중요한 것은, 기회가 생기면 그것을 이용할 수도 있다는 것이다. 기회가 생겼을 때 이용할 수 있는 자금이 없다면 그 기회는 날아간다. 작은 안전망과 기회를 위한 자금을 별도로 적립해야 한다.

당신이 이제 막 투자에 발을 들여놓은 사람이라면? 5만 달러 미만의 투자자가 시작할 수 있는 방법이 있다. 1,000달러부터 시작한다고 가정해보자. 100달러는 현금으로 가지고 있고, 나머지 900달러는 배당주에 할당해야 한다. 100주를 모으고, 그것이 5만 달러가 될 때까지 계속해서 모은다. 그 시점에 투자금 5만 달러는 배당주 4만 5,000달러와 현금 5,000달러가 되어 있을 것이다.

포트폴리오에 맞춰 주식 고르기

투자할 회사를 선정하려면 다음의 일곱 가지 기준을 따라야 한다.

- **가격 차트**
- **추세 차트**
- **옵션 차트**
- **배당률**
- **매출 안정성**
- **주가 수익률**
- **애널리스트**

첫째, 높은 가격에 주식을 사지 않도록 항상 주가를 기록해야 한다. 주가가 사상 최고치를 경신하자마자 주식을 사는 사람이 되고 싶지는 않을 것이다. 우리는 고점을 찍고 바닥을 친 후 회복세에 있는 회사의 주식을 사고자 한다. 그러기 위해서는 주가가 과거에 현재의 시가 수준을 유지한 적이 있는지 판단해야 한다. 구체적으로 그 주식이 지난 15년 내 현재 가격의 5%를 넘어선 적이 있는지, 혹은 5% 아래에 들어왔는지 봐야 한다. 주식이 비싸게 거래되고 있을 때 매수를 하고 싶어 하는 사람은 없을 것이다.

시장을 쭉 따라가다 보면 추세선과 지지선이 있고, 고가와 저가가 있으며, 주가는 그 사이에서 움직인다는 것을 깨닫게 될 것이다. 이를

(저가인 경우) 지지와 (고가인 경우) 저항이라고 한다. 고가에 매수하기를 원하는 사람은 없다. 바닥을 치고 다시 오르기 시작하면 그때 매수하고 싶어 한다. 투자자는 최고가나 최저가에서 매수하고 싶어 하지 않는다. 이상적인 것은 최고가보다는 최저가에 가까운 지점에서, 그리고 이전에 기록했던 적이 있는 가격 내에서 매수하는 것이다.

예를 들어 A 주식이 30달러라면 지난 15년 동안 30달러였던 적이 있는가? 만약 그렇다면 그 기간에 최고치는 얼마였나? 최저가는 얼마였나? 주가가 지난 2~3년 전 42달러였고 최근 최저치인 25달러를 찍은 다음 점점 상승하고 있다고 가정해보자. 오늘 30달러라면 최저가보다 5달러 높고 최고가보다 12달러 낮다. 이는 우리의 매수 기준을 충족한다는 의미다.

둘째, 주가가 상승 추세인지 하락 추세인지, 또는 횡보 추세인지 확인해야 한다. 주가가 옆으로 가고 있는가, 아니면 위로 올라가기 시작하는가? 하락 추세인 회사의 주식은 사고 싶지 않을 것이다. 그런 것을 '떨어지는 칼날 잡기'라고 부른다.

주식이 횡보 중인지, 또는 상승 추세인지 확인하고 싶을 것이다. 차트에서 모든 최저가와 최고가를 잇는 직선을 그려보면 주어진 기간의 추세를 확인할 수 있다. 주식이 상승 추세인지, 횡보 추세인지 알아보려면 그어진 선을 보면 된다. 하향 추세라면 매수를 피해야 한다. 다음 페이지의 차트를 참조하라.

| 상향 추세

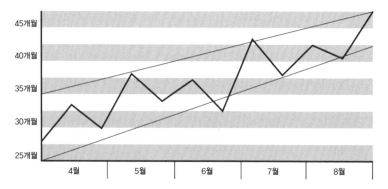

| 횡보 추세

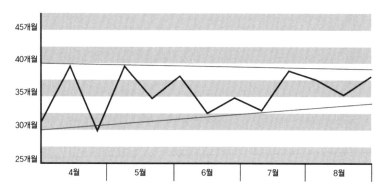

| 하향 추세

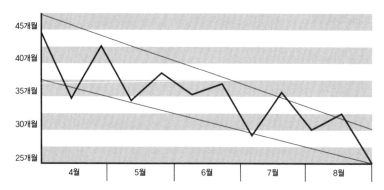

셋째, 옵션 가격이 적용되는 주식인가? 만약 그렇다면 그것은 매주 적용되는가, 매월 적용되는가, 그리고 가치가 있는가? 옵션체인(옵션의 종류, 행사 가격, 만기일에 따른 매수 및 매도 가격을 보여주는 옵션의 호가 창 ─ 옮긴이 주)이 제공되는지 여부는 주요 증권사 플랫폼에 대한 정보를 통해 확인할 수 있다. 아니면 (무료 사이트인) '야후! 파이낸스'를 방문해서 어떤 주식이든 띄워놓고 '옵션Options'을 클릭해보면 알 수 있다.

넷째, 지난 5년 동안 수익률에 일관성이 있는지 확인한다. 만약 그렇다면 그것은 수익률이 지속적으로 2% 이상인가? 수익률은 어떤 주가에서든 찾아볼 수 있다.

다섯째, 주식이 안정적인 수익을 올렸는지 살펴본다. 경기와 무관하게 계속 번창하고 있는 견고한 회사의 주식인가는 지난 3년 동안 주가에 큰 변동이 있었는지 살펴보면 알 수 있다. 안정적인 주식은 변동률이 10% 이내인 주식이다. 다만 코로나19 대유행과 같은 반복되지 않는 일회성 사건으로 인해 변동률이 10%를 초과한 경우는 예외일 수 있다. 지난 3년 동안 10% 이상 하락한 적이 없는지 확인하기 위해서는 총매출이라고도 하는 최상위 매출을 살펴보아야 한다.

여섯째, 주가수익비율PE ratio이라고 하는 수익 대비 가격 비율을 조사해야 한다. 이것이 15~25쯤 되기를 바라겠지만, 어떤 경우든 25 미만이다. 이 수치가 떨어지기를 원하는 사람은 없다. 우리는 그 회사가 흔들리지 않는 견고하고 유리한 위치에 있기를 바란다. 당신은 위험이 큰 주식이나 지나치게 비싼 주식은 사려고 하지 않을 것이다. 가장 효율적인 지점(스위트 스팟)에서 사려고 할 것이다. 이렇게 되면 공개적으로 거래되는 수천 개의 회사가 약 50개로 좁혀질 것이다. 이에 속하는 주식은 TTM(최근 4분기 합산)이라고 표시되어 있을 가능성이 크다. 이는 지난 12개월간의 실적을 나타낸다.

주가수익률은 간단한 수학이다. 표시된 주가를 주당순이익EPS으로 나누는 것이다. 만약 어떤 회사의 주가가 25달러이고 주당순이익이 주당 1달러라면 주가수익률은 25달러.

일곱째, 애널리스트의 보고서를 검토해서 강력한 견해를 나타낸 사람이 있는지 판단해야 한다. 보유는 무시해도 된다. '매수 추천', '매수 강력 추천', '시장수익률 하회', '매도' 등만 살펴보면 된다. 또한 부정적인 의견 하나에 최소한 세 개의 긍정적인 평가가 있는지 살펴보고, 최소한 세 명의 애널리스트의 평가를 살펴볼 필요가 있다. 이는 매우 중요하고 당신이 실수를 하지 않게 도와준다.

이 일곱 가지 평가 기준 모두 충족하는 주식을 사야 한다. 이 기준이 언제나 주식의 안전성을 보장하는 것은 아니지만, 주식이 강세이고 그 회사 주식에서 나쁜 경험을 할 가능성이 훨씬 적다는 것을 의미한다.

당신은 배당귀족과 배당왕에 집중하고 싶어 한다는 것을 기억하라. 배당귀족은 25년 동안 배당을 늘려온 회사이고, 배당왕은 50년 동안 배당을 늘려온 회사다. 이러한 회사들은 쉽게 없어지지 않는다. 그런 회사들은 전사들이다. 코카콜라, 3M, 존슨앤존슨J&J, 프록터앤갬블P&G, 투시 롤스 등이 그런 회사에 속한다. 모두 대기업이고 때로는 주가 변동이 크지 않은 '지루한' 회사들이다. 그렇기는 하지만 회사가 정말 바보 같은 짓을 할 수도 있다. 그 경우 사람들은 그 회사 주식을 팔고 싶어 할 것이다. 이런 회사들은 하락하기 시작하면 미리 알 수 있지만 그런 일은 드물다.

그런 다음 100주를 모으면 이 100주에 대한 옵션을 판매할 수 있다. 당신은 외가격OTM(콜옵션의 행사 가격이 기초 자산의 시장 가격보다 높을 때, 혹은 풋옵션의 행사 가격이 기초 자산의 시장 가격보다 낮을 때 사용하는 용어 – 옮긴이 주) 옵션을 팔게 될 것이다. 하지만 그것을 산 가격보다 더 비싼 가격에 파는 것에 동의하는 것이기 때문에 손해 볼 일은 없다. 이 장의 앞부분에서 말한 무한 배분 모델은, 5만 달러는 이 범주에 투자하고 다음 범주로 이동하라는 개념이다.

5만 달러 포트폴리오

▶ 초기 5만 달러에 대한 무한 배분 모델

배당주: 4만 5,000달러

현금: 5,000달러

이 5만 달러를 가지고 주식에 투자한다. 특히 일곱 가지 기준 중에서 일곱 개를 모두 충족하는 주식에 4만 5,000달러를 투자해야 한다. 5,000달러는 현금이나 현금성 자산이 될 것이다. 금융 시장, 저축, 양도성예금증서, 귀금속 등은 모두 현금성 자산이다. 주식 시장에서는 어떤 주식을 보유하고 있든지 그것을 이틀 안에 현금으로 바꿀 수 있다. 따라서 청산하는 것도 쉽다. 필요하다면 비상시에 아주 신속하게 현금을 만들 수 있다.

당신은 주가가 30% 하락하는 주식을 보유하고 싶지는 않기 때문에 주가 변동이 크지 않은 아주 지루한 회사에 투자하고 있다. 예상치 못한 청구서를 지불하기 위해 매도해야 하는 상황에 처하고 싶지는 않기 때문이다. 그러한 상황에 놓이는 것은 정말 끔찍한 일이다.

주가가 폭락했지만 청구서를 처리해야 해서 어쩔 수 없이 주식을 매도해야 했던 경험이 있는 사람들에게 물어보라. 전기회사에 전화해서 "시장이 회복된 다음에 요금을 내면 안 될까요?"라고 물어볼 수는 없다. 그들은 그냥 전기를 끊어버릴 것이다. 2008년 증시가 38% 폭락했을 때에도 배당왕은 14% 하락으로 선방했다. 우리는 태풍을 피하기 위해서라면 할 수 있는 모든 일을 다 할 것이다.

2008년 증시가 38% 폭락했을 때에도
배당왕은 14% 하락으로 선방했다.
우리는 태풍을 피하기 위해서라면
할 수 있는 모든 일을 다 할 것이다.

5만 달러 초과 포트폴리오

► **최초 10만 달러에 대한 무한 배분 모델**

배당주: 4만 5,000달러

부동산: 4만 5,000달러

현금: 1만 달러

초기 투자금이 5만 달러를 넘어서면 부동산에 돈을 할당하기 시작해야 한다. 임대용 부동산을 직접 사라는 의미는 아니다. 대신 부동산 투자 신탁, 즉 리츠 주식을 사면 된다. 이는 공개적으로 거래되고 주식과 같지만, 부동산에 기반을 두고 있다. 또한 리츠 주식의 보유 상태를 유지하기 위해서는 수입에서 많은 양을 할당해야 한다. 이는 본질적으로 현금 흐름 지향적이다.

심지어 사모사채(사모를 통해 발행된 회사채 – 옮긴이 주) 투자도 할 수 있다. 이는 기존에는 공인 투자자로 알려진 최상위 부자 투자자들에게만 제공되었던 사모다. 지난 몇 년 동안 사모사채 투자에 대한 규제가 대폭 축소되었고, 미국증권거래소SEC와 주州들이 투자자들을 보호하기 위해 부과한 규정을 통해 일반인들도 점점 더 많이 이용할 수 있게 되었다.

일부 투자자는 다가구주택을 좋아하지만 한 프로젝트에 모든 돈을 걸고 싶어 하는 사람은 거의 없다. 사람들은 위험을 분산시키기 위해 종종 다른 투자자들과 함께 돈을 모은다. 이는 전형적인 사모사채이지만, 이러한 방식은 거의 모든 것에 사용될 수 있다. 우리의 무한 배분 모델에서 투자의 유형은 1인 가구, 다가구, 이동식 주택, 캠핑장, 창고 또는 유사한 형태의 부동산이어야 한다.

내 경우는 1인 가구 주택을 선택해 부동산에 투자하기 시작했다. 나는 다른 사람들에게도 그렇게 할 것을 제안한다. 전문가들이 알려주는 것보다 훨씬 더 저렴한 가격으로 할 수 있는 큰 거래에 초점을 맞추는 것이 좋다. 1인 가구 주택 시장은 늘 존재한다. 자기 집을 갖는 것은 일종의 아메리칸 드림이다. 우리는 단지 정말로 중요한 숫자에 세심한 주의를 기울일 뿐이다. 실업률은 낮고 수요는 많은 지역을 고수해야 한다. 또한 거래가 현금 흐름이 플러스(+)인 경우에만 투자해야 한다.

집이 월세 1,500달러에 임대된다고 해서 자동적으로 좋은 거래가 되는 것은 아니다. 반대로 월세 500달러에 임대된다고 그리 나쁜 거래인 것도 아니다. 우리가 매달 얼마를 보유하게 될 것인지, 그리고 얼마나 많이 투자해야 할 것인지가 중요하다.

25%가 공실인 월임대료 2,000달러의 주택은 돈 먹는 함정이 될 가능성이 크다. 그에 비해 월세가 1,000달러이지만 평균 5년의 임대 기간으로 계약된 집은 아주 큰 수입이 될 수 있다. 단순히 집을 수리하는 비용, 세금과 보험 비용, 그리고 실제로 부과되는 임대료가 얼마인지가 중요하다.

나는 집을 볼 때 그 집을 월세로 얼마에 임대 놓을 수 있는지 계산하고 그것을 반으로 나눈다.(즉, 월세가 1,000달러라면 비용을 제하고 실질 월세는 500달러로 보는 것이다.) 관리비, 보험, 세금, 수리비, 개선비, 공실률, 기타 예상 비용을 포함한 총비용이 총임대료의 최소한 50%를 차지할 것으로 생각한다. 월세로 받은 금액에서 주택담보대출금을 상환해야 하기 때문에 빚을 포함한 모든 비용을 지불하고도 나가는 것보다 더 많은 금액이 들어와야 한다.

월세 1,500달러에 임대를 놓은 12만 달러짜리 집을 사는 것을 예로 들어보자. 이런 집을 보면 대단한 거래라는 생각이 들지도 모른다. 월 총임대료의 50%, 즉 750달러를 번다고 가정하자. 그러면 연간 순이익은 9,000달러가 된다. 이는 나쁘지 않다. 만약 현금을 주고 이 집을 산다면 당신의 수익률은 7.5%에 집값 상승분을 더한 것이다. 상업용 부동산에서는 이를 자본환원율(캡 레이트, CAP rate)이라고 부른다. 이 수치를 통해 특정 시장에서 자본환원율이 얼마나 좋은지 파악해서 거의 모든 주택 시장의 부동산을 비교할 수 있다.

자본환원율은 바로 우리 돈의 수익을 위한 출발점이다. 교활한 부동산 중개업자들은 '집을 감정할 때 해당 집과 비교할 수 있는 유사한 집'을 이야기하고 자본환원율은 무시함으로써 당신의 관심을 다른 곳으로 돌리려고 할 것이다. 그들은 "당신의 집과 같은 집이 당신의 집보다 5만 달러 더 비싸게 팔렸습니다."라고 말할지도 모른다. 투자자들은 집값 상승분보다 자기 돈의 수익에 더 관심을 두기 때문에 자본환원율을 가장 큰 요소로 생각한다. 주식 시장과 마찬가지로 부동산 가격은 변동성이 크지만, 자본환원율이 큰 부동산은 항상 잘 팔린다.

이제 당신이 부동산을 구입했는데 보증금은 없고, 은행이 제시한 이자율은 5%라고 가정해보자. 지불해야 할 돈은 월세로 645달러 또는 연간 7,740달러다. 당신은 여전히 손익계산서가 플러스(+) 영역에 있지만 간당간당하다. 이 부동산에 관심이 있다면 당신은 그와 관련된 모든 잠재적 비용을 확실하게 계산해볼 것이다. 실제 비용이 45% 이하라면 답은 쉽게 나온다. 구입해도 된다. 실제 비용이 50%에 가깝다면 그래도 여전히 구입할 의향이 있겠지만, 자신이 부채와 자산 중 어디에 가까운지 파악할 수 있다.

그러한 이유로 아주 높은 자산환원율이 아닌 이상 부채가 임대용 부동산 가격의 75% 이하에 있는 사람이라면 절대로 구입을 권하지 않는다. 12만 달러인 주택을 보증금 3만 달러를 주고 계약하면 월세가 484달러로 낮아진다. 그러면 당신은 훨씬 더 유리한 위치에 서게 된다. 시간이 지나면서 대출금은 전액 상환되고 집을 완전히 소유하게 될 뿐만 아니라 집값 상승과 지속적인 현금 흐름도 얻게 된다.

빨리 부자가 되거나 엄청난 돈을 벌 방법은 없다. 하지만 매일, 매주, 매달 그리고 매년 꾸준하게 수익을 낼 수는 있다. 그리고 그 수익은 불어난다. 그런 다음 원한다면 1인 주택도, 복층 아파트도, 단독주택도 살 수 있다. 나라면 처음부터 다가구주택으로 뛰어들지는 않을 것이다.

1인 주택에 관심을 가져라. "5만 달러로는 별 도움이 안 된다."고 말하기 전에 그 돈으로 두 채의 집을 살 수 있는 동네가 있는지 알아보라. 괜찮은 수익 흐름을 창출할 수 있는 아주 좋은 집을 5만 달러에 살 수 있는 동네도 있다.

평균적으로 그렇다고 하더라도 한 채의 부동산보다는 열 채의 부동산이 더 낫다. 한 채의 부동산에 한 채의 공실을 가지고 있다면 공실률이 100%이기 때문이다. 이 수치는 좋은 쪽이든 나쁜 쪽이든, 순식간에 어느 한쪽으로 치우칠 수 있다. 이는 아주 고약한 일이다. 만약 여러분이 지붕을 하나 고쳐야 한다면 갑자기 연간 소득은 크게 줄어들 것이다. 평균을 균등하게 하려면 여러 채의 집을 갖는 것이 좋다. 하지만 이 같은 수치는 비싼 집에는 들어맞지 않는다.

일단 한 집당 20만~30만 달러 넘게 비용이 들어간다면 일관된 현금 흐름을 만들기가 매우 어렵다. 자본환원율은 빠르게 떨어지는데, 이는 실제로는 투자가 아니라 투기임을 의미한다. 투기용 주택은 누군가의 포트폴리오에 포함될 수는 있지만, 아마도 현금 흐름을 바라는 투자자를 위한 것은 아닐 것이다. 현금 흐름이 있는 임대용 주택의 가장 좋은 구매 가격은 거래에 따라 약간의 차이가 있겠지만 7만 5,000~15만 달러일 것이다. 내가 아는 사람들 중 이 범위에서 집을 구매한 사람은 무한 투자를 잘해나가고 있다. 그보다 훨씬 비싼 집을 산 사람은 거의 항상 자기 돈으로 부동산을 보조하게 된다. 우리는 이러한 일을 피해야 한다.

10만 달러 초과 포트폴리오

무한 배분 모델에서는 10만 달러를 어떻게 할당할까? 10%, 즉 1만 달러는 현금으로, 4만 5,000달러는 대여한 배당주에, 나머지 자금 4만 5,000달러는 부동산에 투입한다. 그런 뒤 다음 범주인 관리형 포트폴리오로 이동한다. 자체적으로 금융자산관리자(투자신탁기업)를 고용하거나 관리형 포트폴리오를 이용하도록 한다.

나와 함께 일하는 금융자산관리자(투자신탁기업)들은 일반적으로 보수적, 온건적, 공격적인 세 가지 범주를 제공한다.(더 많은 수익을 내기 위해 더 많은 위험을 감수할 용의가 있는 사람들을 위해서다.) 그것들은 실제로 꽤 간단하고 대개는 상장지수펀드ETF의 비중이 크다. 즉, 금융자산관리자(투자신탁기업)가 특정 부문(양동이에 여러 회사가 들어 있는)의 큰 덩어리를 하나의 ETF로 구입하는 것이다.

ETF는 가격 하락 위험(다운사이드)과 추가 비용 없이 뮤추얼펀드처럼 운용된다. 금융자산관리자(투자신탁기업)는 투자 손실(스프레드) 위험을 줄이기 위해 여러 개의 ETF를 고르고, ETF 펀드매니저는 동시에 위험을 줄이기 위해 ETF를 관리한다. 이는 모든 사람이 2 대 1로 정렬한 상태다. 당신의 포트폴리오는 규모와 무관하게 일반적으로 1%가 안 되는 비용으로 거대한 포트폴리오처럼 관리될 수 있다. 그러면 이제 뮤추얼펀드의 엄청난 가격을 지불하지 않고도 항상 당신의 돈을 관리하는 사람을 두게 된다.(뮤추얼펀드의 관리 수수료는 5%이지만, 이는 1%의 비용이다.)

► **15만 달러 이상에 대한 무한 배분 모델**

배당주: 4만 5,000달러(30%)

부동산: 4만 5,000달러(30%)

관리형 펀드: 4만 5,000달러(30%)

현금: 1만 5,000달러(10%)

15만 달러라는 숫자에 도달하면 세 가지 항목에 각기 30%를 할당하고 현금에 10%를 할당한다. 15만 달러 이상이라면 같은 방식으로 작동된다.(수천만 달러를 가진 사람들도 여전히 이 모델을 사용하고 있다. 효과가 있기 때문이다.)

► **100만 달러 이상에 대한 무한 배분 모델**

배당주: 30만 달러(30%)

부동산: 30만 달러(30%)

관리형 펀드: 30만 달러(30%)

현금: 10만 달러(10%)

간단하게 100만 달러에 대한 무한 배분 모델을 생각해보자. 그들은 현금 10만 달러와 배당주, 부동산, 관리형 펀드에 각각 30만 달러를 갖게 될 것이다. 이러한 비율에 따라 규모에 상관없이 포트폴리오를 책임감 있게 관리할 수 있다. 다음 단계는 다음 장에서 설명할 것이다.

Chapter 13

부자가 되기 위한
90일 투자 계획

지미는 대학에서 가장 똑똑한 학생이었다. 실제로 그의 학점은 4.1이었다. 이는 그의 성적이 평균 A를 넘었다는 의미다. 그는 경제학과를 수석으로 졸업했고, 모든 사람들이 그가 훌륭한 사람이 될 것이라고 생각했다. 그는 대학을 졸업하자마자 다른 대학에서 교수 자리를 제안받았다. 그는 경제학 교수가 되었고 그 분야에서 최고 전문가로 인정받았다. 그 후 박사학위도 취득했고, 전문성을 인정받아 뉴스나 다른 TV 프로그램에 출연하는 '잘나가는' 교수가 되었다. 경제가 불황이거나 호황일 때면 TV 프로그램 진행자들이 그의 의견을 듣기를 원했고, 지미는 그러한 자신의 역할을 즐겼다.

유일한 문제가 있다면, 그가 유명한 경제학 교수로 살아가는 일에 대해 압박감을 느끼고 있다는 점이었다. 그는 자신 정도면 좋은 동네에서 살면서 고급 자동차를 타야 한다고 생각했다. 이는 많은 돈이 드는 일이었다. 그는 미국에서 상위 5%에 속하는 엄청난 급여를 받고 있었지만, 상류층 생활을 유지하기 위해 늘 빚을 지고 살았다. 50대가 되자 그는 대학을 졸업할 당시보다 경제 상황이 크게 나아진 것이 없다는 것을 깨달았다. 그는 은퇴 후 제대로 살아가려면 생활비를 줄여야 하는 게 아닌지 우려했다.

지미의 제자 중 몇 명은 성공한 창업자, 사업주, 경영진이 되었다. 그들은 옛 스승을 찾아와 조언을 듣기를 좋아했다. 한번은 제니퍼라는 제자가 부동산 시장에 대한 지미의 생각을 물었다. 부동산 소매 부문에서 큰 하락이 있었기 때문에 제니퍼는 이에 대한 지미의 견해가 궁금했다. 지미는 땅의 새로운 용도가 확인될 때까지는 부동산 소매 시장이 단기적으로 어려움을 겪을 것이라고 말했다. 이야기를 마치고 제니퍼가 일어서려고 하자 이번에는 지미가 질문을 했다. "나는 내 분야에서 최고 위치에 있지만, 경제적으로는 크게 앞서나가지 못하고 있네. 대체 내가 뭘 잘못하고 있는 거지, 제니퍼?"

제니퍼는 뜻밖의 질문에 당황하며 말했다. "잘못이라니요? 교수님은 분야에서 최고이시잖아요." 하지만 지미는 재차 물었다. "뭔가 해 줄 말이 있을 텐데, 내가 뭘 잘못하고 있는 거지?" 제니퍼는 늙은 스승을 씁쓸하게 바라보며 말했다. "토마토가 채소라는 것을 아는 것은 지식이지만, 토마토를 과일샐러드에 넣으면 안 된다는 것은 지혜죠." 그런 다음 그녀는 낄낄 웃었지만, 지미는 따라 웃지 않았다.

그녀는 진지하게 다시 설명했다. "지식이 풍부한 사람들도 행동하지 않으면 지식이 낭비되는 것이죠." 지미가 "나는 내 지식을 자네 같은 학생들을 돕기 위해 사용하지."라고 말하자 제니퍼는 말했다. "교수님은 물론 가르치는 일로 많은 보수를 받으시겠지만, 교수님의 지식을 활용하지 않는다면 시장은 그 지식이 가치가 없다고 여길 겁니다." 지미는 제니퍼에게 좀 더 명확히 설명해달라고 부탁했다.

제니퍼는 말했다. "교수님, 교수님은 대학에서 매년 100여 명의 학생들을 가르치시고, 대학은 학생들에게 강의 시간당 얼마를 수업료로 부과하지요. 그러니까 교수님께서 전문지식을 활용하지 않는 한 학교에서 받는 보상은 제한적입니다. 논문을 출판하고, 콘텐츠를 만들고, 전망을 발표하고, 교수님이 만드신 공식에 라이선스를 부여하고, 지식이나 기타 여러 가지 방법으로 투자를 함으로써 전문지식을 활용하실 수 있습니다. 하지만 교수님은 노동을 주 수입원으로 삼으시고 지식의 씨앗을 시장에 뿌려서 열매를 맺게 하지는 않으신 것이죠."

지미는 그 말의 의미를 알아차리고 대답했다. "내가 강의한 것을 실행하지는 않았다는 말인가?" "그렇습니다." 제니퍼가 말했다.

그날 밤, 지미는 지식의 씨앗을 다양한 시장에 심기로 결심했다. 제니퍼의 말을 잊을 수 없었다. 비록 학계에서 가장 똑똑한 사람일지라도 그는 진실을 간파할 만큼 현명하지는 못했다. 자신의 시간과 재능을 지렛대로 활용하지 않는다면 그는 결코 진정으로 자유로울 수 없을 것이었다. 만약 씨앗을 현명하게 심지 않는다면 그는 항상 자신의 시간을 돈과 교환하게 될 것이었다. 그런 생각에 미치자 웃음이 나왔다. "수확에 필요한 씨앗을 먹어 치우면 무엇을 얻을 수 있겠어? 그야 씨앗 똥이겠지."

다음 단계로 나아가기

이제 다음 단계를 이야기해보자. 당신은 바로 씨앗을 심기 시작할 것이고, 씨앗을 키울 것이다. 수확한 것으로 먹고살 수 있을 때까지 수확물을 계속 심을 것이다. 그때까지 당신은 씨앗을 지키고, 그것을 심고, 수확하고, 그 수확물을 다시 심는 일에 전념할 필요가 있다. 이를 위해서는 무한 배분 모델에서 당신이 정확히 어디에 있는지 파악해야 한다. 일단 그렇게 하면 다음 단계를 결정할 수 있다. 투자 가능한 자산 기반에 따라 무한 배분 모델이 어떻게 나타날지 결정된다. 당신의 투자 가능한 자산 기반을 설명하는 다음 단계로 가보자.

———

당신은 씨앗을 심기 시작할 것이고, 씨앗을 키울 것이다.
수확한 것으로 먹고살 수 있을 때까지 수확물을 계속 심을 것이다.

———

레벨 1.

투자금과 자본금이 5만 달러 미만인 경우

잉여 수입이 생기면 배당주를 사는 것으로 시작한다. 앞서 소개한 일곱 가지 기준을 충족하는 주식을 찾아 100주를 모을 때까지 투자한다. 거래 수수료를 내지 않도록 로빈후드나 다른 무료 플랫폼을 이용한다. 당신의 모든 돈을 주식에 투자한다.

무한 배분 모델을 따르는 것을 잊지 말고, 투자금을 9달러당 1달러씩 현금으로 적립한다. 이 현금을 예금 계좌나 증권 계좌 같은 곳에 넣어둔다. 채권 ETF를 사도 된다. 위험이 매우 낮으므로 시장의 변동에 대해 걱정하지 않아도 된다.

모은 주식이 일단 100주를 돌파하면 두 가지를 할 수 있다. 첫째, 매수한 주식 100주에 대한 콜옵션을 판매한다. 이는 매수 평단가가 얼마였든 간에 외가격이 될 것이다. 만약 주당 97~101달러에 P&G 주식 100주를 매수했다면 평단가가 나올 것이다. 총매수액(당신이 지불한 총액)을 100으로 나눈 값을 구한다. 평단가가 99달러라면 99달러 이상의 행사 가격에 콜옵션을 팔면 된다.

둘째, 일곱 가지 기준을 충족하는 또 다른 주식이 있는지 확인하고 같은 과정을 다시 시작한다. 총평가액과 현금이 5만 달러 선에 근접할 때까지 이 과정을 계속한다. 그런 다음 5만 달러 이상 10만 달러 미만의 자산에 대한 2단계로 간다.

레벨 2.
투자금과 자본금이 5만~10만 달러 미만인 경우

1단계. 배당주에 투자하기

배당주 매수에 4만 5,000달러를 할당하는 것으로 시작한다. 일곱 가지 기준을 충족하는 주식을 찾아 각각의 주식을 100주 모은다. 이를 4만 5,000달러가 투자될 때까지 계속한다. 수수료 없는 옵션을 사용하는 것을 잊지 말고, 투자금 9달러당 1달러는 현금으로 적립한다. 현금은 예금 계좌나 증시 계좌 같은 곳에 넣어둔다. 채권 ETF를 매입해도 된다. 위험이 매우 낮기 때문에 시장의 변동에 대해 걱정하지 않아도 된다. 이는 매수 평단가가 얼마였든 간에 외가격이 될 것이다. 만약 주당 97~101달러에 P&G 주식 100주를 매수했다면 평단가가 나올 것이다. 총매수액(당신이 지불한 총액)을 100으로 나눈 값을 구한다. 평단가가 99달러라면 99달러 이상의 행사 가격에 콜옵션을 팔면 된다.

그런 다음 5만 달러를 초과하는 금액으로는 부동산 투자 및 기타 부동산 투자 기회를 조사한다.(다시 말하지만 9달러당 1달러를 현금에 할당하는 것을 잊으면 안 된다.) 비교하고 대조할 부동산 기회가 최소한 두 건은 있어야 한다. 임대용 부동산 하나와 리츠 하나, 두 개의 리츠, 또는 리츠 하나와 사모채권 하나일 수도 있다. 부동산이라면 무엇이 되었든 중요하지 않다. 단지 미래에 많은 것을 발견할 수 있고 학습 곡선을 단축하기 위해 자신에게 선택권을 주는 습관을 들이면 될 뿐이다. 기회를 파악한 후 2단계로 이동한다.

2단계. 단 하나의 투자 상품 선택하기

기회를 비교하고, 대조하고, 가장 수월하게 생각되는 투자 상품을 선택한 다음 투자한다. 이는 부동산 투자에서 가장 재미있는 단계다.

만약 리츠에 투자한다면 이는 주식을 사는 것과 거의 같은 느낌이지만, 새로운 용어와 리츠로 인해 어쩔 수 없이 이윤을 지불하게 된다. 만약 개인 부동산 투자 상품에 투자한다면 당신은 집주인이 되는 것이 무엇을 의미하는지 알게 될 것이다. 무엇이 중요하고 무엇이 과대광고인지에 대한 완전히 새로운 이해가 빠르게 전개될 것이다.

사모채권을 선택했다면 자산운용사가 말하고 하는 일을 주의 깊게 보고 듣는다. 전문가들이 어떤 지표에 초점을 맞추고 어떻게 투자하는지 지켜보면 많은 것을 배울 수 있다. 어떤 경우든 배울 것이 있으므로 최대한 이 단계에 참여하도록 노력한다.

다른 부동산 투자자들과 이야기하다 보면 그전에 놓쳤던 것들을 배우고 새로운 어휘를 터득하게 된다. 어떤 종류의 투자를 하느냐에 따라 경험에서 우러나오는 전문지식을 개발하게 된다. 추가로 투자할 자금이 있다면 투자금이 10만 달러에 도달할 때까지 2단계를 반복하고, 10만~15만 달러 미만의 자산 투자 단계로 이동한다.

레벨 3.

투자금과 자본금이 10만~15만 달러 미만인 경우(2단계로 가서 1단계와 2단계를 밟은 후 아래의 3단계로 이동한다.)

3단계. 도움을 받을 전문가 찾기

10만~15만 달러 미만의 투자금이 있는 경우 금융자산관리자(투자신탁기업)를 고용하거나 관리형 포트폴리오를 이용한다. 정해진 수수료를 내고 돈을 관리할 수탁자를 찾는다. 이들은 일반적으로 관리 중인 자산에 백분율을 부과하며, 위험 감수 및 목표를 결정하기 위해 당신과 협력한다. 나는 법적으로 나의 이익을 그들 자신의 이익보다 우선시하는 신탁회사를 선호한다. 정육점 주인 스티브를 기억하는가? 그는 좋은 사람이고 유능한 도축업자이지만 수탁자는 아니었다.

무한 투자의 법칙에서 이번 장의 목표는 우리의 학습을 지속하고 사고를 확장하기 위해 전문적인 제3자를 수용하는 것이다. 우리가 정말로 찾고 있는 것은 영원히 우리의 돈을 관리해줄 사람이다. 물론 돈을 벌기 위해서이기도 하지만, 그래야 그들이 하는 일을 우리가 배울 수 있기 때문이다.

나쁜 목적으로 그들을 감시해야 한다는 뜻이 아니다. 그와는 정반대다. 그들은 당신을 위해 일하고 있기 때문에 당신은 이 관계에서 얻을 수 있는 최대한의 혜택을 얻어야 한다. 그들은 전문가이기 때문에 당신은 더 나은 투자자가 되기 위해 활용할 수 있는 것들을 그들에게서 반드시 배워야 한다.

만약 당신이 선호하는 금융자산관리자(투자신탁기업)와 계좌를 개설하기 위한 최소한의 요건을 충족시킬 수 없다면 다른 사람을 이용해 분산 투자를 해야 한다. 즉, 국제공인재무설계사CFP 또는 수탁자에게 비용을 지불해서 무한 배분 모델을 생성해야 한다는 의미다.(대부분의 경우 효과가 있다.) 또는 인터넷에서 찾을 수 있으며(일부는 구독을 통해 이용이 가능하다), 종일 관리로 전환할 수 있을 때까지 이를 따르면 된다. 이러한 포트폴리오는 대개 ETF에서 비중이 크기 때문에 이용하기 그리 어렵지 않다. 이미 알다시피 ETF도 관리된다. ETF에 포함된 것들의 배후에는 많은 생각이 존재하기 때문에 ETF는 변동 속도가 느리다. 따라서 모든 거래에서 종가 베팅 전략(정규장이 끝날 때쯤 매수해서 다음 날 오전 수익을 보고 빠져나오는 매매법 - 옮긴이 주)을 기대하면 안 된다.

다시 말하지만 나는 수탁자를 고용하고 장기적인 관계를 맺는 것을 선호한다. 개방적이고 정직하며 무한 투자의 법칙을 이해하는 수탁자라면 누구든 도움이 될 수 있다. 당신을 기꺼이 가르쳐줄 사람들을 찾아야 한다. 그러므로 당신이 그들과 관계를 맺을 때에는 그 역할을 이해하고 받아들일 수 있도록 해야 한다.

일단 15만 달러를 돌파하면 모델은 간단하다. 현금 10%, 배당주 30%, 부동산 30%, 관리자금 30%다. 매년 또는 분기별로 포트폴리오를 재평가하고 올바르게 배분하고 있는지 확인해야 한다.

당신을 기꺼이 가르쳐줄 사람들을 찾아야 한다.

당신이 그들과 관계를 맺을 때에는

그 역할을 이해하고 받아들일 수 있도록 해야 한다.

레벨 4.

투자금과 자본금이 15만 달러 이상인 경우

당신의 투자는 총투자와 자본금의 비율을 기준으로 하므로 이전 단계로 돌아가면 안 된다.

1단계. 배당주에 투자하기

투자 가능한 자산의 30%를 배당주 매수에 할당하는 것으로 시작한다. 일곱 가지 기준을 충족하는 주식을 찾아 100주를 모을 때까지 투자한다. 당신이 상당한 규모의 포트폴리오(자본금 10만 달러 이상)를 가지고 있다면 시간이 걸릴 수 있다. 한 바구니에 모든 달걀을 담는 것을 원하지 않기 때문이다. 투자금을 완전히 배분할 때까지 최소한 다섯 개 이상 회사의 주식을 매수하고, 매수하는 금액은 균등하게 나누어야 한다. 그런 다음 매수한 주식에 대한 콜옵션을 판매한다. 이 주식의 평단가가 얼마든 간에 외가격이 될 것이다.

2단계. 부동산에 투자하기

투자 가능한 자본의 30%를 부동산 자산을 사는 데 배분한다. 배정된 금액으로 리츠 및 기타 부동산 기회를 조사한다. 비교하고 대조할 부동산 기회가 최소한 두 건은 있어야 한다. 임대용 부동산 하나와 리츠 하나, 두 개의 리츠, 또는 리츠 하나와 사모채권 하나일 수도 있다. 부동산이라면 무엇이 되었든 중요하지 않다. 단지 미래에 많은 것을 발견하고 학습 곡선을 단축하기 위해 자신에게 선택권을 주는 습관을 들이면 될 뿐이다. 기회를 비교하고 대조하고, 가장 편한 투자를 먼저 선택하면 된다.

만약 리츠에 투자한다면 이는 주식을 사는 것과 거의 같은 느낌이지만, 새로운 용어와 리츠로 인해 어쩔 수 없이 이윤을 지불하게 된다. 만약 개인 부동산 투자 상품에 투자한다면 당신은 집주인이 되는 것이 무엇을 의미하는지 알게 될 것이다. 무엇이 중요하고 무엇이 과대광고인지에 대한 완전히 새로운 이해가 빠르게 전개될 것이다.

사모채권을 선택했다면 자산운용사가 말하고 하는 일을 주의 깊게 보고 듣는다. 전문가들이 어떤 지표에 초점을 맞추고 어떻게 투자하는지 지켜보면 많은 것을 배울 수 있다. 어떤 경우든 배울 것이 있으므로 최대한 이 단계에 참여하도록 노력한다.

다른 부동산 투자자들과 이야기하다 보면 그전에 놓쳤던 것들을 배우고 새로운 어휘를 터득하게 된다. 어떤 종류의 투자를 하느냐에 따라 경험에서 우러나오는 전문지식을 개발하게 된다. 추가로 투자할 자금이 있다면 총액의 30%를 투자할 때까지 2단계를 계속 반복한다. 천천히 그리고 꾸준히 해야 하고, 각각의 거래를 개별적으로 검토해야 한다.

3단계. 도움을 받을 전문가 찾기

관리자금에 배분된 30%에 대해 금융자산관리자(투자신탁기업)를 고용한다. 정해진 수수료를 내고 돈을 관리할 수탁자를 찾아야 한다. 이들은 일반적으로 관리 중인 자산에 백분율을 부과하며, 위험 감수 및 목표를 결정하기 위해 당신과 협력한다. 나는 법적으로 나의 이익을 그들 자신의 이익보다 우선시하는 신탁회사를 선호한다. 정육점 주인 스티브를 기억하는가? 그는 좋은 사람이고 유능한 도축업자이지만 수탁자는 아니었다.

무한 투자의 법칙에서 이번 장의 목표는 우리의 학습을 지속하고 사고를 확장하기 위해 전문적인 제3자를 수용하는 것이다. 우리가 정말로 찾고 있는 것은 영원히 우리의 돈을 관리해줄 사람이다. 물론 돈을 벌기 위해서이기도 하지만, 그래야 그들이 하는 일을 우리가 배울 수 있기 때문이다.

나쁜 목적으로 그들을 감시해야 한다는 뜻이 아니다. 그와는 정반대다. 그들은 당신을 위해 일하고 있기 때문에 당신은 이 관계에서 얻을 수 있는 최대한의 혜택을 얻어야 한다. 그들은 전문가이기 때문에 당신은 더 나은 투자자가 되기 위해 활용할 수 있는 것들을 그들에게서 반드시 배워야 한다.

다시 말하지만 나는 수탁자를 고용하고 장기적인 관계를 맺는 것을 선호한다. 개방적이고 정직하며 무한 투자의 법칙을 이해하는 수탁자라면 누구든 도움이 될 수 있다. 당신을 기꺼이 가르쳐줄 사람들을 찾아야 한다. 그러므로 당신이 그들과 관계를 맺을 때에는 그 역할을 이해하고 받아들일 수 있도록 해야 한다.

투자액의 10%를 현금이나 현금성 자산으로 보관하는 것을 잊으면 안 된다. 우리는 항상 다가올 기회와 긴급 자금을 위한 드라이 파우더(사모펀드가 투자자로부터 모은 투자금 중 아직 투자를 집행하지 않은 돈-옮긴이 주)를 원한다. 하락 시장에서 포트폴리오를 청산해야 하는 것보다 더 나쁜 것은 없기 때문에 이 현금을 갖는 것은 우리의 경제적 안녕에 필수적이다.

현금 10%, 배당주 30%, 부동산 30%, 관리자금 30%의 배당 규칙을 따르고 포트폴리오를 매년 또는 분기별로 재평가하는 것, 시간이 지남에 따라 이 모델이 훨씬 더 우수하고 따라 하기 쉽다는 것을 알게 될 것이다.

쉽고 간단한 무한 투자의 길

이제 여러분은 무한 투자의 법칙이 무엇인지 잘 알게 되었을 것이다. 이는 아무리 따져봐도 벼락부자가 되는 프로그램이 아니다. 이는 오랜 기간 검증된 전략을 사용하여 천천히 그리고 체계적으로 부자가 되는 방법이다. 이 전략은 확실히 효과가 있다. 수천 명의 투자자에게서 세금 환급이 이루어지고, 누가 돈을 벌고 누가 손해를 보는지에 대한 확실한 증거가 있기 때문이다.

미국 국세청은 매년 엄청난 양의 데이터를 연간 데이터북에 발표한다. 이는 정보의 보고다. 마지막으로 미연방준비제도는 '연준 이사회 경제 데이터FRED'를 통해 지난 수십 년 동안 서로 다른 유형의 자산에 대한 투자가 어떤 성과를 거두었는지 확인할 수 있는 충분한 과거 데이터를 제공하여 의사결정을 안내한다. 이 정보로 무장한 무한 투자자는 시간의 시험을 견딜 현금 흐름 장치를 만들 수 있다.

무한 투자자는 주식 시장과 활황인 부동산 시장에서 매일 벌어지는 단기 룰렛 게임에 대한 패배의 두려움과 싸워야 한다. 무한 투자자는 테슬라나 아마존에 자신의 미래를 걸지 않는다. 그래서 그들은 더 큰 단기 이익 중 일부를 놓칠 수도 있다. 동시에 이들은 2000년 기술 거품 붕괴에 휘말린 많은 기업 중 두 곳인 냅스터와 인포스페이스 같은 곳을 소유하는 실수를 피할 수 있다. 합리적인 가치를 벗어난 과대광고와 잠재력에 근거한 주가를 지닌 기업은 더욱 많을 것이다.

그렇다고 투기성 주식을 사거나 잠재력이 큰 신생기업에 투자하지 말라는 것은 아니다. 하지만 그러한 투자는 '도박 자금'으로 간주해야 한다. 달리 말하면 당신이 잃을 수도 있는 돈이다. 당신은 경마에 집세를 걸지 않으며, 마찬가지로 할머니는 아무리 '확실한 것'처럼 보이더라도 생활비를 투기성 주식에 걸지 않는다.

무한 투자자는 현금 흐름 장치라는 괴물을 만든다. 경제의 큰 변동을 이해하면서도 지속적으로 현금을 인출할 수 있는 장치다. 무한 투자자는 무한정 자산을 산다는 생각으로 투자해야 한다. 이는 우리의 보유 기간이 영원하다는 것을 의미하지만, 또한 자산의 수익 흐름이 손상되면 자산을 교환할 줄 알아야 한다.

이런 식으로 생각해보자. 만약 냉장고 제빙기의 얼음을 만드는 기능이 고장 나면 그것을 교체해야 한다. 이처럼 현금 흐름의 생산을 중단하는 현금 흐름 자산이 있는 경우 이를 갈아치워야 한다. 만약 그것이 돈을 생산하지 않는다면 그것은 더 이상 자산이 아니기 때문에 그것을 팔거나 자금을 창출하는 다른 어떤 것과 교체해야 한다.

무한 투자자는 다소 게으름을 피우는 사치를 누린다. 예를 들어 우리는 주식 옵션을 판매하는 것을 좋아하지만, 이는 매월 30분씩만 하면 되는 일이다. 우리는 부동산에서 나오는 현금 흐름을 좋아하지만, 주어진 부동산의 수익률은 단 몇 분 만에 결정할 수 있다.

무한 투자자가 되는 것은 시간이 아주 오래 걸리는 일이 아니다. (학습 곡선이라고 불리는) 좋은 기술을 익히는 데에는 약 20시간이 걸린다. 만약 당신이 어떤 일의 전문가가 되고 싶다면 1만 시간이 걸릴지도 모르지만, 그것은 전문가가 되는 학습 곡선이 다음과 같이 생겼기 때문이다.

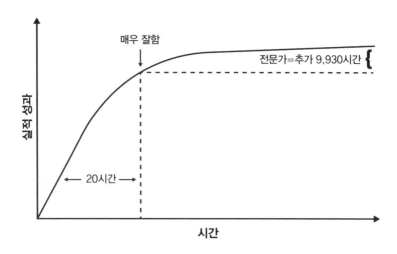

　새로운 무한 투자자는 생각보다 무한 투자 시스템에 더 익숙하다.
이 책을 읽는 것만으로도 당신의 진보는 시작되었다. 무한 투자의 세
계에 입성한 것을 환영한다.

INFINITY
무한 투자의 법칙
INVESTING

1판 1쇄 인쇄 2021년 11월 8일
1판 1쇄 발행 2021년 11월 26일

지은이 토비 마티스
옮긴이 김정한
펴낸이 여종욱

책임편집 권영선
디 자 인 NURI

펴낸곳 도서출판 이터
등 록 2016년 11월 8일 제2016-000148호
주 소 인천시 중구 은하수로229
전 화 032-746-7213 **팩 스** 032-751-7214 **이메일** nuri7213@nate.com

한국어 판권 ⓒ 이터, 2021, Printed in Korea.

ISBN 979-11-89436-28-5 (03320)

값은 뒤표지에 있습니다.
잘못 만들어진 책은 구입처에서 교환해 드립니다.